W0471104

Der Fall Sarrazin

Verlauf einer gescheiterten Tabuisierung

Wissenschaftliche Reihe – Heft 15
Arbeitsgruppe 3: Zuwanderung und Integration

Institut für Staatspolitik

Rittergut Schnellroda · 06268 Albersroda
Fax 034632 90942 · www.staatspolitik.de

© Institut für Staatspolitik · 2009
Rittergut Schnellroda · 06268 Albersroda · Fax 034632 90942 · www.staatspolitik.de
Alle Rechte vorbehalten.
Auszugsweise photomechanische Vervielfältigung ist zu wissenschaftlichen Zwecken gestattet.

ISBN 978-3-939869-15-3

Inhalt

1. Kramer, Sarrazin und die Büchse der Pandora 4
2. Wer ist Sarrazin und was ist *Lettre*? 6
3. Die Sarrazin-Kampagne: Chronik eines politisch korrekten Fehlschlags 8
   3.1. Feueralarm 8
   3.2. Rücktritt? Rausschmiß? 11
   3.3. Steigender Druck 12
   3.4. Eine Kampagne läuft aus dem Ruder 14
   3.5. Wendemarke I: Kramer überspannt den Bogen 19
   3.6. Wendemarke II: Bundesbank-Kabalen 22
   3.7. »Das Ende der politischen Korrektheit« 24
4. Sarrazins Behauptungen – eine Überprüfung 31
   4.1. Gemeinplätze? 31
   4.2. Definitionen 32
   4.3. Die Einzelaussagen 33
      4.3.1. Negativauslese I 33
      4.3.2. Negativauslese II 33
      4.3.3. Demographische Dynamik 34
      4.3.4. Parallelgesellschaft 35
      4.3.5. Machokultur 35
      4.3.6. Integrationskosten 36
      4.3.7. Kulturelle Nähe, kulturelle Distanz 37
      4.3.8. Ethnischer Brückenkopf 39
5. Cui bono? 41
6. Anmerkungen 42

1. Kramer, Sarrazin und die Büchse der Pandora

Wenn der Zentralrat der Juden jemandem Nähe zum Nationalsozialismus vorwirft, ist normalerweise die Debatte beendet. Jeder, der keine Lust auf den »moralischen Kopfschuß« (Egon Flaig) hat, wird sich abducken und ruhig bleiben. Dem so Gezeichneten jetzt beizuspringen, wäre tödlich. Stephan Kramer, der Generalsekretär des Zentralrats, hat redlich versucht, im Fall Sarrazin die »Empörungsmaschine« anzuwerfen: »Ich habe den Eindruck, daß Sarrazin mit seinem Gedankengut Göring, Goebbels und Hitler große Ehre erweist. Er steht in geistiger Reihe mit den Herren.« Weil er in diesen Fragen von Amts wegen über eine Deutungshoheit verfügt, mußte er das nicht weiter begründen. Doch die Kampagne wollte nicht zünden.

Aus Kramers Sicht mußte es sogar so aussehen, als habe er am 9. Oktober die Büchse der Pandora erst richtig geöffnet. Am 10. Oktober machte die Äußerung die Runde, bis am 11. Oktober Michael Wolffsohn dem Spuk ein Ende bereitete und bei Kramer Konvertiten-Eiferei vermutete.[1] Der mußte zwei Tage später klein beigeben, nahm in der Sache allerdings nichts zurück.[2] Daß sich jetzt alle Welt mit den Zuständen im Zentralrat der Juden beschäftigt, hat Kramer sich damit selbst zuzuschreiben.[3] Die Sarrazin-Debatte nahm fortan einen ganz anderen Verlauf als das bei vergleichbaren Fällen in der Vergangenheit zu beobachten war. Dafür gibt es weitere Gründe.

Zunächst lag es allerdings an Kramer selbst. Er hatte bei seinem Versuch, der zunehmend positiven Berichterstattung entgegenzutreten, eindeutig überzogen. Und zwar nicht nur weil er Sarrazin mit Hitler in eine Reihe stellte, sondern weil er sich übereifrig mit dem Islam solidarisierte. Die klügeren unter den Juden haben längst erkannt, daß eine Gefährdung der Juden nicht von Deutschen, sondern vom Islam ausgeht.

Es ging Sarrazin auch nicht um irgendwelche vergangenheitspolitischen Themen, wie das bei den Kampagnen gegen Martin Hohmann und Eva Herman der Fall war. Themen wie »Tätervolk« oder »Mutterbild im Dritten Reich« interessieren die meisten Leute nicht, sie spielen in ihrem Alltag keine Rolle, haben also mit der Lebenswirklichkeit der meisten Zeitungsleser nichts zu tun, die sich – wenn es sich nicht gerade um Historiker handelt – auch keine Meinung dazu bilden können. Hohmann konnte leicht denunziert und verleumdet werden, weil er für seine Rechtfertigung zu weit ausholen mußte und weil kaum ein »Normalbürger« bereit oder in der Lage war, ihm zur Seite zu springen.

Das war bei Sarrazins Äußerungen ganz anders. Sarrazin beschrieb Phänomene, die jeder täglich beobachten kann (wenn er will). Die Leser verfolgten diese Debatte aufmerksam und konnten sie mit eigenen Erlebnissen abgleichen. Hinzu kommt, daß selbst Sarrazin-Gegner bestimmte Fakten schlecht aus der Welt schaffen konnten. Das beste Beispiel ist die Sendung »Friedman schaut hin«, die am 21. Oktober 2009 auf N24 ausgestrahlt wurde. In der Vorankündigung benutzte Friedman noch die Worte »abscheulich« und »rassistisch« und meinte damit Sarrazin. Die Sendung selbst fiel dann eher moderat aus. Das, was Friedman da sehen mußte, sprach einfach für Sarrazin: mangelnde Deutschkenntnisse bei interviewten Ausländern, Haß auf Deutschland, Gewaltaufrufe. Da Sarrazin in seinen Aussagen keine Statistiken bemühte, sondern Beobachtungen zuspitzte, fiel der Abgleich noch leichter. Das führte dazu, daß die Zeitungsredaktionen mit Leserbriefen überschüttet wurden, deren Verfasser Sarrazin unterstützten.

Daraufhin konnte man bei einigen Blättern eine Kehrtwendung beobachten. Insbesondere *Bild* merkte schnell, daß man einlenken muß, wenn die Fahne weiter im Wind wehen soll. Eine Leserfrage brachte dann die Gewißheit: Die Mehrzahl unterstützte Sarrazin. Auch bei den bürgerlichen Blättern, wie der *Welt* oder der *FAZ*, setzte sich diese Erkenntnis durch. Damit war die sonst in diesen Fragen herrschende Einmütigkeit der Leitmedien aufgebrochen.

Der Kontext, in dem das Interview erschien, spielte zunächst keine Rolle, da nur die Skandalzitate in Umlauf gebracht wurden. Je länger die Debatte dauerte, um so mehr Leute lasen das ganze Interview, was zu einer Entspannung führte: »Wer sich aber die Mühe macht, das Interview im ›Lettre International‹ selbst zu lesen, wird erstaunt feststellen, daß das Gespräch eher zufällig auf Türken und Wärmestuben zusteuert. Man darf unterstellen, daß Sarrazin nicht geplant hatte, mit jenen Sätzen aufzutauchen, die das Land so erregt haben.«[4]

Also konnte Sarrazin auch auf die Unterstützung von der richtigen Seite hoffen: Heinz Buschkowsky, Bezirksbürgermeister vom Berliner Problembezirk Neukölln, und die türkische Frauenrechtlerin Necla Kelek sprangen Sarrazin öffentlichkeitswirksam bei.[5] Auch Hans-Olaf Henkel, ehemaliger BDI-Präsident, und Arnulf Baring unterstützten Sarrazin und nahmen der medialen Empörung damit die Spitze.

Nicht zu unterschätzen für das Scheitern der Kampagne ist der Zeitpunkt des Interviews. Es erschien offiziell am 1. Oktober. Die Bundestagswahl war vorbei, Sarrazin konnte im Kampf um die Wähler nicht mehr instrumentalisiert werden und war deshalb für die politische Auseinandersetzung wertlos. Nur jene, deren Deutungshoheit Sarrazin in Frage stellte, äußerten sich: der SPD-Bundestagsabgeordnete Sebastian Edathy etwa oder die Grünen-Bundestagsabgeordnete Renate Künast. Aber daraus folgte nichts, was mit früheren Kampagnen vergleichbar wäre.

Thilo Sarrazin hat diesen Ausgang offenbar vorhergesehen: »Die Medien lieben es, wenn Krach ist. Das finden sie toll, und wenn es unterhaltsam ist, auch. Wenn man beides bietet und den Eindruck erweckt, daß man seine Sache versteht, bekommt man mit der Zeit auch für kontroverse Stellungnahmen eine relativ hohe mediale Zustimmung.«[6] Genauso ist es gekommen.

2. Wer ist Sarrazin und was ist *Lettre*?

Thilo Sarrazin wurde am 12. Februar 1945 in Gera geboren. Nach Abitur und Wehrdienst studierte er von 1967 bis 1971 Volkswirtschaftslehre in Bonn. Anschließend war er Assistent am dortigen Institut für Industrie- und Verkehrspolitik und wurde 1974 mit einer Arbeit über die »Wissenschaftslogik der *New Economic History*« promoviert. 1973 trat Sarrazin in die SPD ein und wurde wissenschaftlicher Mitarbeiter der Friedrich-Ebert-Stiftung.[7] Seit 1975 ist er im Öffentlichen Dienst. Von 1975 bis 1991 arbeitete er im Bundesfinanzministerium, unterbrochen von einer Tätigkeit im Bundesarbeitsministerium (1978–1981). Danach war er kurzzeitig bei der Treuhand beschäftigt und anschließend Staatssekretär des Ministeriums für Finanzen in Rheinland-Pfalz. Nach kurzer Zeit im Vorstand der Deutschen Bahn wurde er 2002 Finanzsenator des Landes Berlin. Seit Mai 2009 ist er Mitglied des Vorstandes der Deutschen Bundesbank.[8]

Bereits früher fiel Sarrazin mit deutlichen Äußerungen auf. Das Magazin *Stern* zitierte Sarrazin im Mai dieses Jahres: »Weil Städte und Gemeinden die Heizkosten übernehmen würden, gingen die Bedürftigen oft verschwenderisch mit Energie um. ›Hartz-IV-Empfänger sind erstens mehr zu Hause; zweitens haben sie es gerne warm, und drittens regulieren viele die Temperatur mit dem Fenster‹, sagte er dem *Stern*.«[9] Bisher waren die Reaktionen auf Sarrazins deutliche Worte eher maßvoll. So berichtete *Spiegel online*: »In einer an Charakteren armen Zeit ist der skurrile Sarrazin ein Lichtblick. Angesichts der die Politik dominierenden Teflonfiguren ist der knorrige Sozialdemokrat eine Erholung. Er hat den Tonfall eines preußischen Offizieres und erinnert mit leicht herunterhängendem Augenlid und Schnurrbart an einen Piraten. [...] Die politischen Verdienste des promovierten Volkswirts [...] stehen mittlerweile außer Frage. [...] Sarrazin hat das chronische Defizit des Berliner Landeshaushalts auf null gebracht.«[10]

Diese Leistung ist sicher der Grund, warum Sarrazin in der Zeitschrift *Lettre International* über den Zustand Berlins interviewt wurde. *Lettre International* ist »eine unabhängige, internationale Publikation und versteht sich als interdisziplinäres intellektuelles Forum.«[11] *Lettre* erschien erstmals 1984 in Frankreich. Seitdem hat es Gründungen in mehreren europäischen Ländern gegeben. 1988 erschien sie in Deutschland, es gibt sie aber unter anderem auch in Spanien, Italien, Ungarn und Dänemark. Die Zeitschrift ist, was die Herkunft ihrer vielen Autoren angeht, wirklich international ausgerichtet. Sie erscheint vierteljährlich,[12] die Druckauflage beträgt 26 000 Exemplare.[13]

Anfangs wurde die deutsche *Lettre International* in Kooperation mit der Berliner *Tageszeitung* publiziert.[14] Heute ist *Lettre International* eine unabhängige Verlags-GmbH und sieht sich »keiner politischen Programmatik verpflichtet.«[15] Stattdessen heißt es: »Wir wünschen uns eine kosmopolitische Polyphonie freier, kritischer Wortmeldungen, die dazu beiträgt, sich über Grenzen hinweg mit den

Augen anderer zu sehen, dem Provinzialismus der großen Kulturen entgegenzuwirken und kreativ mit den spannungsgeladenen Prozessen der Europäisierung und Globalisierung umzugehen.«[16]

Die neue Ausgabe nahm den 20. Jahrestag des Mauerfalls zum Anlaß und fragte nach dem aktuellen Zustand Berlins. Sie trägt den Titel »Berlin auf der Couch« und zeigt den Berliner Bären mit aufgeschnittenem Bauch, rücklings auf einem Tisch liegend. Auf knapp 260 Seiten wird eine Antwort auf die Frage gesucht, was Berlin heute sei, etwa eine »Metropole«, »die die Welt in ihren Bann zieht.«[17] Frank Berberich, der Chefredakteur von *Lettre International*, erläuterte vor kurzem das Anliegen des Heftes: »Das übergreifende Thema des Heftes war die Hinterfragung der fatalen Selbstmythologisierung Berlins. Und dazu gehörte eine Betrachtung seiner Ökonomie.«[18] Dem Interview mit Sarrazin komme die Rolle »eines Hintergrundtextes zu Wirtschaft, Finanzen und Verwaltung Berlins«[19] zu. In der Tat: Die meisten Äußerungen Sarrazins betreffen die wirtschaftliche Entwicklung Berlins seit der Wiedervereinigung Deutschlands.

Das dem Interview zugrundeliegende Gespräch wurde am 28. August 2009 geführt. Am 3. September bekam Sarrazin den Text und schickte am 7. September eine korrigierte Fassung an *Lettre* zurück, die er eine Woche später noch einmal verbesserte und autorisierte. Das Interview leitete er an Bundesbankpräsident Weber weiter. Am 21. September ging die *Lettre*-Ausgabe in den Druck. Vorab erhielten ausgewählte Redakteure das Magazin am 28. September.[20]

3. Die Sarrazin-Kampagne: Chronik eines politisch korrekten Fehlschlags

»Die Deutsche Bundesbank distanziert sich entschieden in Inhalt und Form von den diskriminierenden Äußerungen von Dr. Thilo Sarrazin in dessen Interview mit Lettre International.« Den ersten scharfen Schuß gab der Dienstherr selbst auf Sarrazin ab. Ohne Rücksprache mit seinen Vorstandskollegen informierte Bundesbankpräsident Axel Weber per Pressemitteilung am frühen Abend des Mittwoch, 30. September 2009, die Medien über seine Mißbilligung des Sarrazin-Interviews. Angeblich häuften sich bereits die Medienanfragen; der »Zeitdruck« habe ihn daran gehindert, mit dem Vorstand Rücksprache zu halten, erklärte Weber später.[21] Zu jenem Zeitpunkt existierten freilich erst kurze Vorabmeldungen der Deutschen Presse-Agentur (dpa) und in einem Online-Portal. Der Kioskverkauf der Zeitschrift mit dem vollständigen Interview sollte erst am Tag darauf beginnen. Eine Überprüfung der inkriminierten Zitate war den Empfängern von Webers Pressemitteilung mithin zunächst kaum möglich.

3.1. Feueralarm

Wie ein »Feueralarm« (*Spiegel*) löste die ungewöhnlich scharfe Distanzierung der Bundesbank, respektive ihres Präsidenten, von einem prominenten Vorstandskollegen die erwartbaren Reaktionen aus. Wer die dürre Agenturmeldung übersehen hatte, wußte spätestens nach dem Fax aus Frankfurt, daß wieder ein PC-Skandal anstand. Sarrazin »beleidigt Türken«, titelten *Bild* und *Handelsblatt* unisono am Donnerstag, dem 1. Oktober. Zusammen mit der *Berliner Zeitung* übernahmen beide zunächst die Kampagnenführung; *FAZ* und *Welt* berichteten vorerst im Wirtschaftsteil, *Frankfurter Rundschau* und zahlreiche weitere Zeitungen begnügten sich zunächst mit kleinen Meldungen.

Wiedergegeben wurden aus dem ausführlichen Interview Sarrazins, wenn überhaupt, nur kurze, reißerische Zitate: Seine Attacke auf die Sozialindustrie mit dem Schlagwort von den »türkischen Wärmestuben«, die die Stadt nicht voranbrächten; das Wort vom »Schlampfaktor« und der »68er-Tradition«, die Berlin belaste; vom Problem, daß »zwanzig Prozent der Bevölkerung [...] nicht ökonomisch gebraucht werden« und »vierzig Prozent aller Geburten in der Unterschicht stattfinden«; der Vorwurf, große Teile der türkisch- und arabischstämmigen Bevölkerung seien »weder integrationswillig noch integrationsfähig«. In dem Maße, wie sich die öffentliche Debatte auf Sarrazins Bemerkungen zu Einwanderung und Integration verengte, konzentrierte sich die Empörung auf drei Zitate:

»Eine große Zahl an Arabern und Türken in dieser Stadt, deren Anzahl durch falsche Politik zugenommen hat, hat keine produktive Funktion, außer für den Obst- und Gemüsehandel, und es wird sich vermutlich auch keine Perspektive entwickeln. Das gilt auch für einen Teil der deutschen Unterschicht.«

»Ich muß niemanden anerkennen, der vom Staat lebt, diesen Staat ablehnt, für die Ausbildung seiner Kinder nicht vernünftig sorgt und ständig neue kleine Kopftuchmädchen produziert. Das gilt für 70 Prozent der türkischen und 90 Prozent der arabischen Bevölkerung in Berlin.«

»Die Türken erobern Deutschland genauso, wie die Kosovaren das Kosovo erobert haben: durch eine höhere Geburtenrate. Das würde mir gefallen, wenn es osteuropäische Juden wären mit einem um 15 Prozent höheren IQ als dem der deutschen Bevölkerung. Ich habe dazu keine Lust bei Bevölkerungsgruppen, die ihre Bringschuld zur Integration nicht akzeptieren, und auch, weil es extrem viel Geld kostet und wir in den nächsten Jahrzehnten genügend andere große Herausforderungen zu bewältigen haben.« (Hier wurde meist nur der erste Satz zitiert.)

Die *Berliner Zeitung*[22] wartete bereits am ersten Kampagnentag mit einem Strauß von Sarrazin-Kritikern auf, um einzelne Sätze aus dem Interview negativ zu kommentieren. Ein Appell an das Berliner Ehrgefühl solidarisiert stärker als bloße Kritik an Sarrazins »Meinung über Migranten«, mag man sich gedacht haben; folglich durften unter der Parole »Berliner antworten« vor allem Boulevardgrößen die Existenz von Unterschichten in der Hauptstadt überhaupt leugnen (der angejahrte Playboy und Ex-Nachtclub-König Rolf Eden), deren Toleranz und Weltoffenheit beschwören (u.a. der sogenannte »Promi-Friseur« Udo Walz) und den Bundesbankvorstand als traurige Figur persönlich abwerten, weil er sich vergeblich »bei den Obermenschen einzuschleimen« versuche (der »Autor« Horst Evers).

Auf ähnlich boulevardeskem Niveau bewegten sich auch die ersten Reaktionen aus der regionalen Politik. Der Fraktionschef und Landesvorsitzende der Berliner CDU Frank Henkel witterte »Stumpfsinn« und sprach Sarrazin das Recht ab, über eine Stadt zu urteilen, von deren Steuergeld er »jahrelang gelebt« habe; Ülker Radziwill, sozialpolitische Sprecherin der SPD im Abgeordnetenhaus, nannte die – ihr natürlich nur in den publizierten Auszügen bekannten – Ansichten des ehemaligen Finanzsenators »hochnäsig und einfältig«;[23] der Berliner Grünen-MdB Wolfgang Wieland variierte ein Aperçu Sarrazins über die Charaktergesichter des Regierenden Bürgermeisters Klaus Wowereit.[24] Der wiederum bezeichnete tags darauf Sarrazins Äußerungen schlicht als »dumm«.[25]

Es fällt auf, daß trotz der von Bundesbankpräsident Weber vorgegebenen Stoßrichtung der direkte Vorwurf der »Ausländerfeindlichkeit« in diesen ersten Reaktionen aus der politischen Klasse eher im Hintergrund steht. Anders die türkischen Verbände: Safter Cinar, Sprecher des Türkischen Bundes Berlin-Brandenburg, rückte Sarrazin als erster in NPD-Nähe.[26] »Absolut unter der Gürtellinie und inhaltlich völliger Quatsch«, bekräftigte Cinar bei *Spiegel online*, unterstützt vom Vorstandsvorsitzenden der Türkisch-Deutschen Unternehmervereinigung (TDU) Hüsnü Özkanli, während der Vorsitzende der Türkischen Gemeinde in Deutschland (TGD) Kenan Kolat gewohnt reaktionsschnell eine »Entschuldigung« Sarrazins bei den angesprochenen Gruppen für seine »unerhörten« Äußerungen forderte; anderenfalls sei er »aus unserer Sicht nicht mehr haltbar«.[27]

Sarrazin dürfte aber von vornherein einkalkuliert haben, daß ihm eine Kampagne bevorstand, die auf seine berufliche Existenz zielte. Gegenüber der *Süddeutschen Zeitung* erklärte er noch am Donnerstag: »Die Reaktionen, die mein Interview in *Lettre International* verursacht hat, zeigen mir, daß nicht jede Formulierung in diesem Interview gelungen war. Das bedaure ich.« Und: »Mein Anliegen war es, die Probleme und Perspektiven der Stadt Berlin anschaulich zu beschreiben, nicht aber einzelne Volksgruppen zu diskriminieren.« Er habe als Berliner Bürger und ehemaliger Senator seine Privatmeinung geäußert und nicht für die Bundesbank gesprochen.[28] Zugleich beharrte er auf dem Inhalt seiner Aussagen: Man solle diese »im Gesamtzusammenhang sehen und nicht nur einzelne Teile betrachten« – sprich, lediglich die Pointen seiner ausführlichen Stellungnahmen aus dem Zusammenhang reißen; im übrigen beziehe er sich auf Fakten.[29]

»Sarrazin katzbuckelt vor Weber«, überschrieb eine dem Ex-Senator nicht wohlgesonnene Wirtschaftszeitung am Freitag, 2. Oktober, ihren Bericht – obwohl dieser in der Sache nicht nachgegeben hatte.[30] Kenan Kolats »Türkische Gemeinde« nahm die »Entschuldigung« Sarrazins großzügig an, obwohl diese gar nicht an sie gerichtet war, und erklärte die Debatte vorzeitig für beendet;[31] wenige Tage später sollte er davon wieder abrücken. *Bild* zitierte ihn am selben Tag noch mit dem Vorwurf, er leite »Wasser auf die Mühlen der Rechtsextremen«.[32] In demselben Tenor heizte auch *Hürriyet* weiter an. Der »unverschämte« Sarrazin habe mit seinen »schockierenden« Worten »Türken und andere Ausländer beleidigt«, schrieb die größte türkische Tageszeitung in Deutschland; er habe »wie ein NPD-Mitglied« gesprochen.[33]

Zwei Tage nach der auslösenden Pressemitteilung des Bundesbankpräsidenten erreichte die politisch korrekte Empörungswelle ihren ersten Höhepunkt. Nach den türkischen Verbänden und der Berliner Regionalpolitik beteiligten sich weitere einschlägige Akteure an der rituellen Verdammung Sarrazins: Kirchen und Gewerkschaften.[34] Uwe Foullong, im Ver.di-Vorstand für den Finanzsektor zuständig, bezeichnete die kursierenden Sarrazin-Zitate als »skandalös« und »rechtsradikal«,[35] Annelie Buntenbach vom DGB-Vorstand brachte das Totschlagargument: Thilo Sarrazin »schürt in verantwortungsloser Weise Fremdenhaß und gießt damit Öl auf das Feuer all derer, die ohnehin zu ausländerfeindlichen Ansichten neigen«. Ausländerfeindliche Schläger könnten sich von ihm ermutigt fühlen.[36]

Mit Genugtuung konnte *Bild* da bereits vermelden, daß auch der Staatsanwalt gegen den »Ausländer-Pöbler« Sarrazin wegen des Anfangsverdachts der »Volksverhetzung« ermittle.[37] Tatsächlich prüfte die Berliner Staatsanwaltschaft seit Donnerstag ein Ermittlungsverfahren von Amts wegen; später bestätigte ihr Sprecher Martin Steltner den Eingang mehrerer Strafanzeigen von Privatpersonen.[38] Sarrazins Anwältin forderte mit detaillierter Begründung die unverzügliche Einstellung. Die Ermittlungen hätten Sarrazin geschadet, da sie »ein Signal an die Öffentlichkeit« gewesen seien, der Bundesbank-Vorstand habe sich »rechtlich verkehrt« verhalten.[39] So waren die Meldungen darüber vermutlich auch gemeint.

3.2. Rücktritt? Rausschmiß?

Aus der eigenen Partei kamen unverzüglich erste Rücktrittsforderungen. Zwar lehnte der Parteivorstand der SPD eine offizielle Stellungnahme zunächst ab.[40] Dafür forderte die Berliner SPD-Bundestagsabgeordnete Eva Högl ein Parteiausschlußverfahren; Sarrazin habe sich nicht zum ersten Mal »abfällig über sozial Benachteiligte geäußert« und sei »schon lange kein Sozialdemokrat mehr«.[41] Wunschgemäß beantragte der Berliner SPD-Ortsverband Alt-Pankow ein Parteiordnungsverfahren mit dem Ziel des Parteiausschlusses.[42] Gewichtige Unterstützung für diese Forderung kam vom türkischen SPD-Politiker und Reiseunternehmer Vural Öger, der Sarrazins Worte als »beschämend, widerlich und skandalös« bezeichnete.[43] Eine vergleichbar emotionale Diktion benutzte der Grünen-Politiker Gerhard Schick,[44] während die Kurdin Evrim Baba, frauenpolitische Sprecherin der Linksfraktion im Berliner Abgeordnetenhaus, einmal mehr das Totschlagargument vom »geistigen Brandstifter« bemühte. Rückendeckung aus der Politik konnte Sarrazin in dieser Phase zumindest von seiten der etablierten Parteien nicht erwarten.[45]

Das Wochenende um den Nationalfeiertag brachte keine Entspannung. Bundesbankpräsident Axel Weber nutzte am 3. Oktober, einem Samstag, die Gelegenheit, um am Rande einer Tagung des Internationalen Währungsfonds in Istanbul nachzulegen und Sarrazin indirekt zum Rücktritt aufzufordern.[46] Zwar sei Sarrazins »Entschuldigung« vom Donnerstag »notwendig und angemessen«; dennoch sei der Bundesbank ein »Reputationsschaden« entstanden, der repariert werden müsse: »Jeder hat Verantwortung für die Institution und muß mit sich selbst ins Gericht gehen.« Sarrazin selbst hatte zuvor im Rahmen seines Entschärfungsversuchs gelobt, er habe eingesehen, daß »Aussagen eines Vorstands der Deutschen Bundesbank wegen der besonderen Stellung der Person und der Institution von der Öffentlichkeit mit großer Aufmerksamkeit und Sensibilität wahrgenommen« würden und werde deshalb »in Zukunft bei öffentlichen Äußerungen mehr Vorsicht und Zurückhaltung walten lassen«.[47] Unterstützung erhielt Weber von der

Bundesbankgewerkschaft, die Sarrazin wegen des entstandenen Ansehensschadens für nicht mehr tragbar hielt,[48] und vom Vizechef der türkischen Zentralbank Ibrahim Turhan, der ihm in der Zeitung *Sabah* mit der blumigen Formulierung »Allah möge Sarrazin mehr Verstand geben« sekundierte.[49]

Mit der Aufforderung zum Rücktritt hatte Weber seine Möglichkeiten freilich schon weitgehend ausgeschöpft. Thilo Sarrazin, der dem Bundesbankvorstand seit Mai 2009 angehört, ist vom Bundesrat auf Vorschlag der Länder Berlin und Brandenburg bestellt und vom Bundespräsidenten ernannt worden. Entlassen kann ihn nicht der Chef der Notenbank, sondern nur der Bundespräsident selbst auf Antrag des Bundesbankvorstands, etwa wegen »schwerer Verfehlungen« – der von Weber selbst konstatierte »gewisse Reputationsschaden«[50] erfüllt diese Bedingung offenkundig nicht.

3.3. Steigender Druck

Von daher war es folgerichtig, daß auch in der anschließenden Woche von Politikern des linken Lagers weiterer Druck ausgeübt wurde, um einen formal freiwilligen Rücktritt Sarrazins zu erreichen. »Sarrazins Menschenverachtung ist untragbar«, rüstete die Fraktionschefin der Grünen im Bundestag Renate Künast gegenüber der *FAZ* rhetorisch nach; die Bundesbank müsse »sofort handeln« – angesichts der statusrechtlichen Lage leichter gesagt als getan.[51] Grünen-Parteichef Cem Özdemir forderte den Bundesbankvorstand über die *Frankfurter Rundschau* zum Rücktritt auf: »Sarrazin bedient Klischees und wertet ganze Gruppen pauschal ab. [...] Solch eine Haltung hat in einem öffentlichen Amt nichts verloren.«[52] In den darauffolgenden Tagen wiederholte Özdemir die Rücktrittsforderung noch mehrfach, unter anderem gegenüber dem Nachrichtensender N24;[53] im *Tagesspiegel am Sonntag* warf er Sarrazin ein »sozialdarwinistisches Weltbild« vor, weil er »Menschen nach ihrer ethnischen Herkunft und Religion« definiere.[54]

Noch schärfere Geschütze fuhr der Vorsitzende des Innenausschusses des Deutschen Bundestags Sebastian Edathy auf: »Das ist Rassismus pur und eine Tonlage, die ich außerhalb der NPD bislang nicht vernommen habe«, sagte der SPD-Politiker dem *Kölner Stadt-Anzeiger*; Sarrazin solle deshalb sein Vorstandsmandat niederlegen oder andernfalls »aus dem Amt entfernt« werden.[55] Auch seine Mitgliedschaft in der SPD müsse überprüft werden.[56] Der Berliner Landesvorsitzende der SPD Michael Müller und der parlamentarische Geschäftsführer im Abgeordnetenhaus Christian Gäbler, zugleich Vorsitzender von Sarrazins Heimatverband Charlottenburg-Wilmersdorf, distanzierten sich frühzeitig ebenfalls von dem prominenten Genossen und seiner »menschenverachtenden Redeweise« (Gäbler).[57] Nicht fehlen durfte schließlich Sevim Dagdelen, migrationspolitische Sprecherin der Fraktion Die Linke im Bundestag, mit den Kampfvokabeln

»chauvinistisch«, »elitistisch« und »rassistisch« sowie der Warnung, der »biedere Sozialdemokrat spielt mit dem Feuer, wenn er derart nach Stammtischmanier vom Leder zieht«.[58]

Während der Chor der Rücktrittsforderungen von Politikern des linken Spektrums »mit Migrationshintergrund« dominiert wurde,[59] blieben auch die politischen Repräsentanten der Integrationsindustrie nicht stumm. Eine Woche nach Kampagnenbeginn forderten der Gesamtverband des Paritätischen Wohlfahrtsverbandes und das »Forum der Migrantinnen und Migranten«, ein ihm angehörender »Zusammenschluß von über hundert Migrantenorganisationen«, den Bundesbankvorstand auf, sein Amt »unverzüglich« niederzulegen.[60] Er habe die »Grenze zu rassistisch (sic!) und sozialdarwinistischen Äußerungen erreicht, wenn nicht bereits überschritten«, schrieb die Gesamtverbandsvorsitzende Heidi Merk (SPD), solcherart Grünen-Chef Özdemir das Stichwort für seine bereits zitierte spätere Einlassung liefernd. Anhänger neonazistischen Gedankenguts hätten Sarrazin bereits beigepflichtet[61] und »werden sich freuen, daß ihre latent-aggressive und verächtliche Sprache nun auch schon in Vorstandsetagen gedrungen ist«, zitiert die *Neue Osnabrücker Zeitung* Agenturmeldungen zufolge aus dem Schreiben.

Mit dem Rassismus-Vorwurf begründet auch die frühere langjährige Berliner Ausländerbeauftragte Barbara John (CDU), heute übrigens Vorsitzende des Paritätischen Wohlfahrtsverbands Berlin, ihre Rücktrittsforderung: »Das ist Stammtisch-Talk«, empörte sich die 71jährige im Interview mit der *Frankfurter Rundschau,* das in verschiedenen Agenturmeldungen zitiert wurde: »Was er sagt, ist abwertend, niedermachend, destruktiv und ausgrenzend. Nach der allgemeinen Definition, was rassistisch ist, könnte man seine Äußerungen da einordnen.«[62] In einem ersten Kommentar zu Kampagnenbeginn hatte sie Sarrazin als »Rumpelstilzchen der deutschen Politik« charakterisiert.[63] Ins selbe Horn stieß ihr Amtsnachfolger Günter Piening, Berliner Beauftragter für Integration und Migration, im besten Betroffenheitsjargon über »das rassistische und pauschal stigmatisierende sowie menschenverachtende Gedankengut«. Er sei nach der Lektüre – ob des ganzen Interviews oder nur der allenthalben kolportierten Auszüge, sagt er nicht – »geplättet und fassungslos« gewesen; das müsse »Konsequenzen« haben, um das »Vertrauen der Migranten in die Politik« wiederherzustellen. Die »Außenwirkung« – auf Einwanderer und ihre Verbände nämlich sowie auf die Jüdische Gemeinde – sei »fatal« gewesen, Sarrazins Äußerungen seien »unfaßbar schädlich für die Integrationspolitik in Deutschland«, unter der Piening offenbar vor allem ein gutes Auskommen mit den Lobbyverbänden versteht.[64]

Weniger aufgeregt zeigte sich der nordrhein-westfälische Integrationsminister Armin Laschet anfangs der Kampagne im »Deutschlandradio«: Sarrazin könne der »Debatte um Integration« gar nicht schaden, »weil ihn da auch keiner mehr richtig ernst nimmt«. In den Städten, den Kommunen, der Wirtschaft, den Kirchen oder in den Wohlfahrtsverbänden gebe es »überall Menschen, die darüber nachdenken, wie wir da weiterkommen, und diesen Prozeß wird auch Herr Sarrazin nicht stören«.[65] Eine Woche später schimpfte Laschet schon nervöser: »Sarrazin vergiftet das Integrationsklima.«[66] Auch CDU-Parteifreundin Rita Süssmuth stand nicht an, Sarrazin »Fremdenfeindlichkeit« vorzuwerfen: Er »schürt Abwehr gegen Migranten und Ausländerfeindlichkeit«, sagte sie der *Westdeutschen Allgemeinen Zeitung*; er habe »den Migranten, dem internationalen Ansehen Deutschlands und den bilateralen Beziehungen erheblichen Schaden zugefügt«.[67]

Eher ein Kuriosum am Rande blieb die Gründung der »Vereinigten Migrantenpartei« am 2. Oktober, nach Aussage der Gründer Marita Vollborn und Vlad Georgescu eine »weitreichende politische Folge« der »volksverhetzenden Aussagen von Bundesbank-Vorstand Thilo Sarrazin«.[68] Über die Einrichtung einer Internetpräsenz[69] und einige Medienberichte im Rahmen der Sarrazin-Affäre[70] sind die Aktivitäten der neuen »Partei« allerdings bislang nicht hinausgekommen.

3.4. Eine Kampagne läuft aus dem Ruder

Binnen weniger Tage waren damit im Grunde alle Voraussetzungen für eine erfolgreiche öffentliche Hinrichtung Thilo Sarrazins gegeben: Das Bundesbank-Vorstandsmitglied ist als »Rassist« und »Ausländerfeind« ausgemacht, der »Menschenverachtung« geziehen und als »geistiger Brandstifter« und Wegbereiter rechter Gewalt gebrandmarkt und unter Neonazi- und Rechtsextremismusverdacht gestellt; der Staatsanwalt ermittelt wegen Volksverhetzung; der eigene Dienstherr fordert seinen Kopf ebenso wie Politiker verschiedener Parteien, eigene Parteifreunde vorneweg, und zahlreiche Personen und Organisationen des öffentlichen und sozialen Lebens; aus dem Ausland und von Lobbyorganisationen und Verbänden hier lebender Einwanderer kommen Empörungsstürme; Sarrazin steht unter der Anklage, den Ruf der Bundesbank und das Ansehen Deutschlands im Ausland nachhaltig beschädigt zu haben. Nach der unmißverständlichen Rücktrittsaufforderung des Notenbankchefs fragten sich nicht nur Journalisten, ob Sarrazin überhaupt bis zur nächsten Vorstandssitzung der Bundesbank »durchhält«.[71]

Sarrazin hielt den Angriffen stand; und generell verlief die Kampagne gegen den früheren Berliner Finanzsenator nicht so, wie man es nach den noch nicht lange zurückliegenden öffentlichen Hinrichtungen etwa des CDU-Bundestagsabgeordneten Martin Hohmann oder der Tagesschau-Moderatorin Eva Herman erwartet haben mochte.

Der wohl bemerkenswerteste Unterschied: Die Medien zogen diesmal nicht einhellig mit. Während das Gros der links und linksliberal verorteten Blätter wie *taz, Berliner Zeitung, Süddeutsche Zeitung, Berliner Morgenpost, Frankfurter Rundschau, Zeit* in die Verurteilungen Sarrazins einstimmten und auch bei dieser Linie blieben, scherten zwei große Tages- und Sonntagszeitungen des bürgerlichen Lagers diesmal mit klaren, wiederholten und agendasetzenden Stellungnahmen aus dem Mainstream-Konsens aus.

Die Welt sprang Sarrazin bereits unmittelbar nach Kampagnenbeginn am 2. Oktober mit einem Kommentar zur Seite: »Liest man das Interview genau und im Zusammenhang, sieht man schnell, daß Sarrazin keineswegs ein populistischer Scharfmacher ist. Und vor allem: Er spricht eine offenkundige Wahrheit aus. Nicht, daß sie ausgesprochen wird, schürt rassistische Vorurteile. Es gilt umgekehrt: Wenn derlei nicht ausgesprochen werden darf, schürt es die Verbitterung derer, die aus täglicher Anschauung ganz genau wissen, daß zutrifft, was Sarrazin da gesagt hat.«[72]

Damit war die Parole ausgegeben: Es geht um die Verteidigung der Meinungsfreiheit. Die Lektüre des Interviews sei eine »Reise an die Grenzen der gelebten Meinungsfreiheit in Deutschland«, legt Robin Alexander auf *Welt online* am 3. Oktober, dem Nationalfeiertag, nach.[73] Die Vorwürfe könnten nur »flüchtiger Lektüre« geschuldet sein: »Weder ›pöbelt‹ Sarrazin, noch äußert er sich ›populistisch‹, noch vertritt er ›NPD-Positionen‹. Vielmehr führt er Philosophen und Physiker an, um in einem Intellektuellen-Magazin als erste Ursache der Hauptstadt-Misere die Vernichtung des deutschen Judentums zu betrauern.« Sarrazins positive Bemerkungen zu jüdischen Intellektuellen haben der *Welt*-Redaktion die Solidarisierung offenkundig erleichtert. Sarrazins öffentliche Reputation sei schon vernichtet; und es gehe auch gar nicht um die Auseinandersetzung mit einzelnen Aussagen Sarrazins – »Vielmehr wird die Meinungsfreiheit jetzt scheibchenweise verhandelt.«

Zu einer Generalabrechnung setzt Volker Zastrow am 4. Oktober in der *FAS* an.[74] »Der nächste bitte«, reiht Zastrow sarkastisch den Fall Sarrazin in den Kontext vorangegangener PC-Kampagnen ein. Mit seinen Provokationen habe der Ex-Senator die »Grenzen der gepflegten Gleichgültigkeit und des tiefempfundenen Desinteresses, das in dieser Republik unter Toleranz firmiert«, verletzt. »Kann man über Verdrängtes sprechen, ohne zu verletzen? Kann man Mißstände benennen, die Wahrheit sagen, ohne zu verletzen?« Unserer Gesellschaft, kritisiert Zastrow, »scheint inzwischen etwas vorzuschweben wie ein moderierter Diskurs, in dem jeder Inhalt sich der Etikette zu beugen hat. Wobei Etikette längst in Wahrheit nicht wirklich meint, wie etwas gesagt wird, sondern was. Das erkennt man daran, daß denen, die dagegen verstoßen, sofort mit dem Berufsverbot gedroht wird, dem Strafrecht gar, daß ihnen nicht widersprochen wird, sondern daß sie nicht mehr sprechen sollen. Es soll Redefreiheit nur im Rahmen dessen geben, was man hören möchte.« Vieles von dem, was Sarrazin gesagt habe, stimme. »Aber in Wahrheit werden die Zonen des Unsagbaren immer weiter ausgedehnt, wird die Redefreiheit von der Redeform abhängig gemacht, die Meinungsfreiheit konfektioniert.«

Sowohl *Welt* als auch *FAZ* lassen dabei auch kontroverse Stimmen zu

Wort kommen. So darf *Welt-online*-Kolumnist Alan Posener in seiner Video-»Blattkritik« über Sarrazins »Rassismus« und sarrazinfreundliche Kommentare anderer Zeitungen herziehen.[75] Distanziert zeigt sich auch die Wirtschaftsredaktion der *FAZ*, die Sarrazin »Illoyalität« und Kompetenzüberschreitung als Bundesbank-Vorstand vorwirft.[76] Daß auch die wirtschaftsnahe *Financial Times Deutschland* ihren Anti-Sarrazin-Kurs lange durchhielt, mag ein Indiz dafür sein, daß in Wirtschaftskreisen kontroverse Debatten über die sozialen Folgelasten der ökonomisch erwünschten Einwanderung eher unwillkommen sind.

Zustimmung für Sarrazin kam nicht nur von den »bürgerlichen« Leit-Zeitungen, sondern auch von weiteren Medien. *Focus* referierte mit Sympathie: »Daß die Sarrazinsche Analyse größtenteils Berlins Wirklichkeit widerspiegelt, ging im Aufschrei der politisch korrekten Senatsspitze unter.«[77] Zustimmung auch in den Kommentarspalten einflußreicher regionaler Tageszeitungen: »Bloß nicht die Dinge beim Namen nennen – das ist auch das Motto in der Ausländerpolitik. Sarrazin ist ihr jüngstes Opfer.«[78] Ein *Welt-online*-Blogger fordert nach einer Aufzählung von Sarrazin-Abwertungen die »Politiker, Journalisten, Gewerkschaftler« auf, nun aber auch Argumente zu liefern – »bitte zerlegt den guten Mann auch inhaltlich« – und zerpflückt einen besonders absurden Vorwurf gegen den Ex-Senator: »Aus dem Umkreis der Deutschen Bundesbank heißt es, Sarrazins Interview lese sich wie ein NPD-Pamphlet … Was im Klartext heißt: Die NPD freut sich über die gelungene Integration von Vietnamesen und will Juden ins Land holen. Was habe ich da verpaßt?«[79]

Von Meutenjournalismus nach Art der Kampagnen gegen Eva Herman oder Martin Hohmann oder wie bei Rechtsextremismus-Hysterieausbrüchen à la Mügeln oder Sebnitz, bei denen selbst skeptische Medien sich bestenfalls auf die Wiedergabe gleichgerichteter Agenturmeldungen beschränkten und abweichende Kommentierungen vermieden, konnte im Fall Sarrazin also keine Rede sein. Ein weiterer signifikanter Unterschied ist die massive und spontane Zustimmung in der Öffentlichkeit. Zwar hatte zum Beispiel auch der Kernersche Fernseh-Schauprozeß gegen Eva Herman in den Kommentarfunktionen der großen Internet-Nachrichtenportale, soweit freigeschaltet, breite Solidarisierung ausgelöst. »Das Internet zeigt nun dem Volk: Du bist nicht allein!«[80] Von der vorgegebenen Linie abweichende Leserbriefe dürften die Redaktionen auch bei früheren Kampagnen schon in großer Zahl erreicht haben. Im Fall Sarrazin indes wurden diese Zuschriften nicht nur aufmerksam registriert und gegebenenfalls, wie es gerade die *FAZ* gerne zu halten pflegt, als Ventil und Korrektiv zur eigenen vorsichtigen Blattlinie genutzt, sondern selbst zum Gegenstand der Berichterstattung.

»Aus den meisten der vielen Briefe, die diese Zeitung dazu erreichen, spricht Empörung – selten über Sarrazin, in großer Mehrheit aber über die Kritik an ihm«, notiert *FAZ*-Herausgeber Berthold Kohler in einem Leitartikel.[81] »Der Tenor lautet: Da wird einer dafür gegeißelt und vielleicht sogar noch mit dem

Verlust seines Amtes bestraft, daß er die Wahrheit gesagt hat.« Die Sarrazin-Unterstützer seien keineswegs »kleine Nazis« – »Es schreibt vielmehr die politische Mitte, die es satt hat, als fremdenfeindlich beschimpft zu werden, nur weil sie nicht länger mit den Dogmen eines gescheiterten Multikulturalismus traktiert werden will, für den jeder geschächtete Hammel eine kulturelle Bereicherung ist.« Hier eifert Kohler wohl selbst den Sarrazinschen Zuspitzungen nach, die zwar »den Usancen der Bundesbank widersprechen« mögen. »Aus der sogenannten Mehrheitsgesellschaft aber schlägt ihm eine Welle der Dankbarkeit dafür entgegen, daß endlich einmal einer ihr seine Stimme geliehen hat. Sarrazin kommt der Sehnsucht nach Politikern entgegen, die noch etwas zu sagen haben und dazu stehen.«

Bei den »bürgerlichen« Parteien hatte sich – »aus Angst vor Kontamination« (Kohler) – zu diesem Zeitpunkt noch niemand gefunden, der Sarrazin beigesprungen wäre.[82] Im Gegenteil: Philipp Rösler von der FDP, damals noch Arbeitsminister in Niedersachsen, wirft Sarrazin politisch korrekt vor, er habe »alle Integrationsbemühungen der letzten fünf Jahre kaputtgemacht«;[83] und Ruprecht Polenz aus der CDU-Landesgruppe NRW, der gerne mit Parteifreund Laschet zusammen auftritt, bescheinigt inmitten einer Flut von Pro-Sarrazin-Leserbriefen in der *FAZ* dem Ex-Senator »rassistisches« Denken und »Verantwortungslosigkeit«, weil er »Überfremdungsängste« schüre, und verweist politisch korrekt auf die vielen Beispiele gelungener Integration – die Sarrazin im übrigen gar nicht geleugnet hatte, sondern lediglich festgestellt, daß es bei bestimmten Bevölkerungsgruppen viel zu wenige gebe.[84] Rühmliche Ausnahme blieb die bayerische Sozialministerin Christine Haderthauer (CSU): »Die Wortwahl von Herrn Sarrazin mag man kritisieren – es braucht aber nun einmal Kraft, um den Stein ins Rollen zu bringen. Wir haben uns den zugrundeliegenden Themen viel zu wenig gestellt. Es darf uns nicht egal sein, ob und wie Integration in Deutschland stattfindet«, sagte sie dem *Münchner Merkur*.[85]

Während Rösler und Polenz die Entfremdung der politischen Klasse vom Denken breiter Kreise der Bevölkerung dokumentieren, fanden sich von Beginn der Kampagne an zahlreiche Persönlichkeiten des öffentlichen Lebens, die Sarrazin unterstützten. *Lettre-International*-Chefredakteur Frank Berberich verteidigte seinen Interviewpartner und knickte nicht ein.[86] Hans-Olaf Henkel, früher Präsident des Bundesverbands der Deutschen Industrie (BDI), erklärte im »Deutschlandfunk«-Interview,[87] Sarrazin spreche ihm aus dem Herzen. Sarrazin habe differenziert gesprochen und auch Lösungsvorschläge gemacht, nur sei das in den wiedergegebenen Zitaten verkürzt und unterdrückt worden. Der Umgang mit Sarrazin sei ein »Anschlag« auf die Meinungsfreiheit. Man müsse nicht Sarrazin in den Arm fallen, der Probleme richtig benannt habe, sondern denen, die jetzt einen »Vernichtungsfeldzug« gegen seine Person starteten.

Aus der SPD erhielt Sarrazin Rückendeckung vom Neuköllner Bezirksbürgermeister Heinz Buschkowsky, der die Angriffe der früheren Ausländerbeauftragten

Barbara John in der *Welt* entschieden zurückwies: »Ich fand das Interview mit Herrn Sarrazin kein Interview mit einer Bestie.«[88] Die meisten Empörten hätten den »von hohem Intellekt« geprägten Text wohl gar nicht gelesen. Buschkowsky sprach sich vehement gegen einen Parteiausschluß aus, bedauerte aber, daß Sarrazin die Probleme »ethnisiert«, also konkret mit bestimmten Einwanderergruppen verknüpft habe. Das mache eine Debatte unmöglich – jedenfalls unter den Bedingungen der politischen Korrektheit, denen Buschkowsky sich offensichtlich nicht ganz entziehen kann.

Unter dem Eindruck der breiten Solidarisierung und der prominenten Unterstützer sahen sich auch linksliberale Medien genötigt, sich zurückzunehmen und andere Stimmen zu Wort kommen zu lassen – auch dies ein Novum in der Chronik politisch korrekter Kampagnen in Deutschland. Die *Frankfurter Rundschau* zitiert neben Daniel Cohn-Bendit und Sebastian Edathy nun auch aus dem Henkel-Interview im Deutschlandfunk: »In diesem Land werden gewisse Wahrheiten nicht ausgesprochen. Mein Eindruck ist, daß Herr Sarrazin hier fertiggemacht wird, und zwar nicht nur von der Staatsanwaltschaft, sondern auch von Gutmenschen aus der Grünen- und Linken-Szene, die jetzt wieder meinen, sie müßten die Probleme zudecken, anstatt daß sie endlich mithelfen, sie zu lösen.« Und Ralph Giordano bestätigt: »Sarrazin weist zu Recht auf die haarsträubenden Zustände in den Parallelgesellschaften hin. Eingebrockt haben uns diese Verhältnisse Multikulti-Illusionisten, professionelle Gutmenschen, Umarmer vom Dienst, Sozialromantiker und Beschwichtigungsapostel. Denen darf man nicht nachgeben und sich mundtot machen lassen.«[89]

Den Giordano-Ausbruch bringt am selben Tag auch *Bild.de,* zusammen mit einem Kommentar von Henryk M. Broder (»Sarrazin hat recht! Sein Tonfall erzeugt Aufregung und ärgert die Gutmenschen. Seien wir doch froh über einen, der Sinnvolles und Richtiges in provokanter Form ausspricht!«) und einem O-Ton von Arnulf Baring: »In der Sache kann Sarrazin niemand widerlegen: Deutschland hat ein massives Problem mit Zuwanderern aus der Türkei und dem arabischen Raum! Nur: Im Lande der Leisetreter und der politischen Korrektheit wird jeder, der Klartext redet, gleich niedergemacht. Erbärmlich!«[90]

Integrierte türkische Intellektuelle stellten sich ebenfalls auf Sarrazins Seite. Wiederum *Bild* druckte einen Offenen Brief der Frauenrechtlerin Necla Kelek an Sarrazin, in dem sie als eigentliche Verantwortliche der Misere die türkischen Verbände nennt, die sich in der Paraderolle des »Opferanwalts« gefielen. »Wer die klaren Worte Sarrazins für Hetze hält, muß sich fragen lassen, ob er die Fakten kennt oder nicht längst aufgegeben hat.«[91] Und die Familienanwältin Seyran Ates erklärt im *Spiegel*: »Ich finde, die Äußerungen von Herrn Sarrazin sind auf den Punkt gebracht und richtig. Wir haben in unserer multikulturellen Gesellschaft große Probleme. Sie werden nicht von Menschen wie Herrn Sarrazin herbeigeredet.«[92]

Frühere PC-Kampagnen wurden wesentlich von der Beharrlichkeit ihrer Leitmedien getragen. Das Umschwenken von *Bild* – schon vorher hatte Kolumnist Franz Josef Wagner dem »wunderbaren Rüpel« gegen die politische Korrektheit alles Gute gewünscht – war deshalb ein deutliches Signal für das Umkippen der Sarrazin-Kampagne. Per Raubkopie machte *Bild* den Volltext des Interviews allgemein zugänglich.[93] In dem Massenblatt und seiner Internet-Redaktion hat man das Ohr an Volkes Stimme: »›Ja, endlich sagt das mal jemand‹ – in unserer Blitzumfrage haben 84 Prozent der über 87000 Teilnehmer für diese Antwort gestimmt.«[94] Am Sonntag darauf veröffentlichte *Bild am Sonntag* eine selbst in Auftrag gegebene Emnid-Umfrage, wonach 51 Prozent der Deutschen Sarrazin zustimmen – quer durch alle Parteien, selbst SPD- und Linke-Wähler geben dem Ex-Senator mehrheitlich recht, nur bei den Grünen-Anhängern lehnen fast zwei Drittel seine Thesen ab.[95]

»Fehlt nur noch ein Merkelwort«, hatte Volker Zastrow in seinem Leitartikel noch gespottet. Die Kanzler-Stellungnahme blieb aus – auch dies eine wesentliche Abweichung von früheren Empörungsritualen und Kampagnen. Die SPD-Parteispitze kommentierte den Fall ebensowenig. Auf dem Landesparteitag der SPD am 10. Oktober in Berlin wurde Sarrazin zwar scharf attackiert, unter anderem vom Regierenden Bürgermeister Wowereit, ein Antrag der Jungsozialisten, seine öffentlichen Äußerungen zu mißbilligen und ein Parteiordnungsverfahren gegen ihn zu unterstützen, kam aber aus formalen Gründen gar nicht zur Abstimmung.[96]

Sarrazin selbst machte nach seiner anfänglichen »Entschuldigung« keine weiteren Zugeständnisse mehr. Er nahm in der ersten Kampagnenwoche ungerührt seine Vortragstermine wahr, ohne sich weiter zu der Affäre zu äußern.[97] An Rücktritt dachte er offenkundig nie; alle Nachfragen in diese Richtung wehrte er ohne weitere Kommentare ab.[98] Sarrazin – noch eine Abweichung – ist ein härteres Kaliber als frühere Kampagnenopfer: Er kann sich wehren und ist das Provozieren und das Aushalten von Widerspruch gewohnt. Eine politische Karriere, mit der er erpreßbar wäre und derentwegen er die Dolchstöße neidischer Parteifreunde fürchten müßte, braucht er nicht mehr. Er hat selbst den Skandal gesucht und wurde nicht von einem gut vorbereiteten und koordinierten Feldzug überrumpelt, analysiert der libertäre Autor und Verleger André F. Lichtschlag: »Die Urheber dieser Kampagne haben offenbar die Kontrolle über ihr Instrumentarium verloren.«[99]

3.5. Wendemarke I: Kramer überspannt den Bogen

Der kontroverse Verlauf der ersten Kampagnenphase und das Beharrungsvermögen Sarrazins entsprachen offenkundig nicht den Erwartungen vieler Akteure in den Einwanderer-Lobbyverbänden. Kenan Kolat, der Vorsitzende der Türkischen Gemeinde in Deutschland (TGD), hatte schon am Dienstag sein schnelles Versöhnungsangebot an Sarrazin zurückgenommen und erneut dessen Rücktritt gefordert.[100] Seine Kehrtwende begründete Kolat mit neuen Informationen, die auf einen »Vorsatz bei Sarrazins Entgleisungen« schließen ließen. Auch der türkische Botschafter Ahmet Acet zeigte sich unzufrieden: Zwar habe er der türkischen Presse berichten können, daß die Öffentlichkeit in Deutschland »ebenfalls sehr entrüstet« reagiert habe; Sarrazins Äußerungen hätten zugleich aber auch gezeigt, »daß es für radikale Meinungen wie seine in Deutschland offenbar eine Basis gibt«.[101] Aiman Mazyek, Generalsekretär des Zentralrats der Muslime, flüchtete sich in nervös-hilflose Scherze und empfahl Sarrazin einen »Integrationskurs«, weil »interkulturelle Kompetenz« auch in seinem Job eine Schlüsselkompetenz sei.

In dem offensichtlichen Bedürfnis, der Kampagne neuen Schwung zu geben, traf sich Kolat mit einem alten Verbündeten Mazyeks: dem Generalsekretär des Zentralrats der Juden, Stephan Kramer.[102] Am Freitag, 9. Oktober, luden Kramer und Mazyek zur gemeinsamen Pressekonferenz von Türkischer Gemeinde und Zentralrat der Juden. Kolat bekräftigte die Forderung nach einem Rücktritt Sarrazins und monierte, daß noch immer kein Verfahren wegen Volksverhetzung eröffnet sei. Während der Vorsitzende der Türkischen Gemeinde die von Necla Kelek kritisierte »Opferrolle« einnahm (»Die Verbitterung und Enttäuschung ist bei uns sehr groß.«) und mitteilte, er habe Bundesbankpräsident Weber in einem Brief um ein Gespräch gebeten, um der Rücktrittsforderung Nachdruck zu verleihen,[103] griff Stephan Kramer unter demonstrativen beiderseitigen Freundschaftsbekundungen zur *ultima ratio*. Sarrazins Äußerungen seien »perfide, infam, volksverhetzend und muslimfeindlich«, holte Kramer aus: »Ich habe den Eindruck, daß Sarrazin mit seinen Äußerungen Göring, Goebbels und Hitler eine große Ehre erweist. [...] Er steht in geistiger Reihe mit den Herren.«[104]

Das war kein Ausrutscher. Kramer rückte auch gleich jeden, der in der öffentlichen Auseinandersetzung Sarrazins Partei ergriff, mit in die NS-Ecke. Die Reaktionen auf Sarrazins »Originalton aus den 30er Jahren« kämen ihm bekannt vor – »Daß sie einige Probleme doch richtig erkannt hätten, hat man auch von den Nazis gesagt.« Und über jüdische Sarrazin-Unterstützer wie Henryk M. Broder und Ralph Giordano müsse »man eigentlich gar nicht mehr reden«.[105] Sollte Kramer gehofft haben, Sarrazin mit diesem Rundumschlag nach erprobtem Kampagnenschema den Rest gegeben zu haben, dann hatte er sich gründlich verrechnet. Der erwartete Fangschuß geriet zum Rohrkrepierer.

Heftigen Gegenwind bekam Kramer umgehend von Michael Wolffsohn.[106] »Hat der Mann noch alle Tassen im Schrank?« schrieb der deutsch-jüdische Historiker und Publizist sofort zurück und bekundete, er schäme sich für diesen seinen »Mit-Juden«. Inflationäre Vergleiche mit »Hitler & Co.« bedeuteten eine Verharmlosung dieser »Mega-Verbrecher«, gegen die Kramer sich sonst selbst immer verwahre. Es sei auch nicht das erste Mal, daß Kramer einen »bewährten Politiker der deutschen Demokratie« derart verunglimpfe. Charlotte Knobloch, die Präsidentin des Zentralrats der Juden, sei gefordert, sie dürfe nicht länger »wegsehen, weghören und schweigen«: »Will der Konvertit Kramer uns geborenen ›Alt-Juden‹ beweisen, daß er der bessere Jude ist? 100 Prozent reichen, 150 sind zuviel.«

Wolffsohn kritisiert weiter indirekt die gemeinsame Pressekonferenz Kramers mit TGD-Chef Kolat, indem er ein weiteres Tabuthema anspricht, nämlich die steigende Bedrohung für Juden in Deutschland durch den importierten Antisemitismus muslimischer Einwanderer: »Glaubt der jüdische Zentralratssekretär wirklich, daß extreme Muslime (wohlgemerkt ›extreme Muslime‹, nicht ›die‹ Muslime) Schicksalsgenossen der Juden sind? Weiß er nicht, daß sich Juden nicht mehr in bestimmte Bezirke deutscher Städte trauen können, weil und wenn sie, zum Beispiel mit einer Kippa-Kopfbedeckung, als Juden zu erkennen sind? Diese Gefahr droht den Juden dort nicht von Anhängern Sarrazins, sondern von denjenigen, über die Sarrazin sprach: Nicht ›die‹ Muslime, sondern bestimmte Gruppen von Muslimen. So verdammenswert deren Untaten oder die neonazistischer deutscher Extremisten sind, in Deutschland gibt es keine Holocaust-Gefahr.«

Henryk M. Broder und Ralph Giordano, die Kramer in seiner Pressekonferenz direkt angegriffen hatte, distanzierten sich vom Generalsekretär des Zentralrats der Juden. Giordano gab Sarrazin noch einmal ausdrücklich recht: »Sarrazin beschreibt die Wirklichkeit so wie sie ist, und nicht wie seit vielen Jahren von der politischen Korrektheit dargestellt. [...] Der Sozialstaat wird nicht fertig mit Problemen, die er selbst geschaffen hat.«[107] Broder prophezeite für die anstehende Zentralrats-Sitzung »schwerste Krāche« ob der abwegigen Vergleiche Kramers.[108]

Dem in die Defensive geratenen Kramer blieb nur, seine Diffamierung zurückzunehmen; weniger aus Einsicht als vielmehr, weil »der Wirbel um den Vergleich Sarrazin im Kampf um seinen schmählich verlorenen Ruf zu helfen« drohe.[109] Am »Rassismus«-Vorwurf hielt Kramer fest und bekam dafür immerhin noch Applaus von Alan Posener in dessen Videokolumne.[110] Zahlreiche Kommentatoren gingen dagegen auf Distanz zum Generalsekretär des Zentralrats der Juden;[111] auch solche von Zeitungen, die Sarrazin kritisiert und sich an der Kampagne gegen ihn beteiligt hatten.[112]

Unverdrossen beteiligte sich Kramer an einem weiteren mißglückten Versuch Kolats, die öffentliche Debatte in seinem Sinne zu lenken. Dem Vorschlag des Vorsitzenden der Türkischen Gemeinde, einen muslimischen Feiertag als allgemeinen Feiertag einzuführen als »Zeichen der Toleranz«, stimmte er nahezu als einziger außer dem Grünen-Bundestagsabgeordneten Hans-Christian Ströbele zu und wünschte sich gleich einen jüdischen Feiertag dazu. Selbst Muslim-Generalsekretär Aiman Mazyek und NRW-Integrationsminister Laschet zeigten sich skeptisch.[113]

Henryk M. Broder sollte schließlich noch selbst für den angekündigten Krach im Zentralrat der Juden sorgen: Er kündigte an, selbst für die Nachfolge Charlotte Knoblochs als Präsident des Zentralrats kandidieren zu wollen.[114] Dessen Bedeutung sei durch »inflationäre« Stellungnahmen »zu allem und jedem« und durch »sinnfreien Aktionismus« des Generalsekretärs wie dessen »Entgleisung« im Fall Sarrazin rapide geschwunden. Der Zentralrat solle sich nicht länger als »das gute Gewissen Deutschlands« aufführen und als »Reue-Entgegennahme-Instanz« auftreten. Er werde sich dafür einsetzen, »daß Holocaustleugnung als Straftatbestand aufgehoben wird. Das Gesetz war gut gemeint, hat sich aber als kontraproduktiv erwiesen, indem es Idioten dazu verhilft, sich als Märtyrer im Kampf um die historische Wahrheit zu inszenieren«.[115] Zweifellos die weitreichendste Forderung in der vom »Fall Sarrazin« ausgelösten Debatte um Meinungsfreiheit in Deutschland.

3.6. Wendemarke II: Bundesbank-Kabalen

Die Schnelligkeit und Unversöhnlichkeit, mit der Bundesbankpräsident Weber im Alleingang und noch vor dem offiziellen Verkaufsbeginn der *Lettre-International*-Ausgabe mit dem Interview seines Vorstandskollegen die Kampagne ausgelöst hatte, nährte bei einigen Beobachtern früh den Verdacht einer vorbereiteten Inszenierung. Das Verhältnis zwischen Axel Weber und Thilo Sarrazin wird als eisig von Anfang an beschrieben.[116] Unmittelbar vor seinem Amtsantritt im Mai hatte Sarrazin schon mit einem *Stern*-Interview Webers Mißfallen erregt.[117] Die beiden »Machtmenschen« (*FAS*) konnten einander nicht leiden; Sarrazins »unbewußte Arroganz« war für Weber, der seiner – vom Verlust der Geldpolitik durch die Euro-Einführung vom Abstieg in die Bedeutungslosigkeit bedrohten – Bundesbank neue Kompetenzen erschließen wollte und dem man Ambitionen auf die EZB-Präsidentschaft nachsagt,[118] schwer erträglich. Weber dulde keine Vorstände neben sich, die ihm in der Öffentlichkeit die Schau stehlen könnten, heißt es.[119] Weber fühlte sich durch Sarrazin zudem bei dem Unterfangen gestört, mit Hilfe der schwarz-gelben Koalition die gesamte Bankenaufsicht an sich zu ziehen.[120] Nicht unplausibel also, wenn der Bundesbankpräsident den ihm von der Politik aufgezwungenen ungeliebten Kollegen bei erster Gelegenheit loswerden wollte. Durchsetzungsvermögen zu zeigen hätte ihm bei seinen Ambitionen zweifellos geholfen.[121]

Entlassen konnte er ihn nicht; zurücktreten wollte Sarrazin nicht. Nach Webers Rücktrittsaufforderung war die Kommunikation zwischen beiden erst einmal eingestellt.[122] Am 10. Oktober sickerte durch, wie Weber den Druck auf Sarrazin, sein Amt niederzulegen, noch erhöhen wollte: *Focus* hatte von einer Abstimmungsvorlage für die Vorstandssitzung am darauffolgenden Dienstag erfahren, wonach Sarrazin die Zuständigkeit für Bargeldumlauf und Risikocontrolling verlieren und nur noch die Informationstechnologie der Bundesbank unter sich haben sollte.[123]

Die Entmachtung Sarrazins erfolgte am Dienstag, den 13. Oktober, begleitet von weiteren wütenden Rücktrittsforderungen; der Generalsekretär des Zentralrats der Muslime Aiman Mazyek forderte gar die – gar nicht mögliche – »Entlassung« des Vorstandsmitglieds.[124] Beschlossen wurde eine Teilentmachtung: Sarrazin bleibt im Vorstand und behält die Ressorts Informationstechnologie und Controlling, muß aber sein wichtigstes Ressort Bargeldversorgung und damit die Verantwortung für 2900 Mitarbeiter abgeben.[125] Ein Kompromiß; es wurde kolportiert, es seien keineswegs alle Vorstände hinter den Plänen Webers gestanden, hätten aber der Teilentmachtung dennoch zugestimmt, um ihm einen zu großen Gesichtsverlust zu ersparen.[126]

Ein »Burgfriede«, der für Weber eine Niederlage bedeutete, wie das *Handelsblatt* kommentierte: »Einen Vorstandsbeschluß herbeizuführen, um beim Bundespräsidenten Sarrazins Entlassung zu beantragen, wäre angesichts Webers öffentlicher Äußerungen folgerichtig gewesen. So weit ging aber sein Mut – oder sein Rückhalt im Bundesbank-Vorstand – nicht. [...] Weil Weber vor Sarrazins Hartleibigkeit einknickte, ist für ihn und die Bundesbank der schlimmstmögliche Fall eingetreten. Er hat durch seine entschiedene erste Reaktion dem Sarrazin-Skandal maximale Aufmerksamkeit verschafft und konnte sich dann nicht durchsetzen.«[127]

Es sollte sogar noch dicker kommen für Bundesbankpräsident Axel Weber. Nach Recherchen der *FAS* wurden schließlich auch Zweifel an der Glaubwürdigkeit seiner Darstellung der Vorgeschichte laut. Hieß es zunächst, Weber habe erst durch die Pressestelle von dem Interview Sarrazins erfahren und dessen Veröffentlichung noch zu verhindern versucht, was der Vorstandskollege ignoriert und damit den Eklat ausgelöst habe,[128] kam Volker Zastrow zu anderen Ergebnissen. Demnach habe Sarrazin das Interview von der ersten Anfrage an über die Pressestelle der Bundesbank abgewickelt; ein Mitarbeiter der Pressestelle hätte ihm ausdrücklich zum Gespräch mit dem »hochseriösen« Magazin geraten.[129] Dieses fand einen Monat vor Erscheinen des Magazins in der Berliner Bundesbank-Dependance statt; der Text wurde mehrmals überarbeitet, auch auf Anraten von Bundesbank-Pressesprecher Fehr änderte Sarrazin noch mehrere Passagen, derentwegen man in der Pressestelle ob der möglichen Auslösung einer muslimischen »Fatwa« besorgt war. Der Pressesprecher betonte, er berate ihn hier nicht als Kommunikationschef der Bundesbank, denn die sei ja nicht das Thema.

Weber wurde nach Zastrows Recherchen am 14. September der Text zugeleitet, doch erst nach Drucklegung am 21. September ließ der Bundesbankpräsident Sarrazin seine »Empörung« ausrichten. Am 29. September saßen Weber und Sarrazin beim Vorstandsessen zusammen, das Interview war kein Thema; tags darauf rief er Sarrazin an und teilte ihm mit, er habe sich öffentlich distanziert und das Interview werde »Folgen« haben. Nach der Vorgeschichte hatte Sarrazin damit nicht gerechnet. In seinem Umfeld wurde diskutiert, »ob Weber ihm eine Falle gestellt, nach einem Drehbuch gehandelt habe oder nur die günstige Gelegenheit nutzen wollte«.

Zwar wies die Bundesbank die Darstellung zurück, Weber habe erst nach Drucklegung Kritik an dem Interview geäußert;[130] doch der Glaubwürdigkeitsschaden war da. Keine gute Empfehlung für Axel Weber als künftigen Oberaufseher aller Banken, wenn in der Bundesbank ein »schmieriger Machtkampf« tobt, in dem einer zum »Abschuß durch Eigendemontage« freigegeben werden sollte«, kommentiert die *Lausitzer Rundschau*.[131] Selbst die Wirtschaftsseiten der *FAZ* raten daraufhin, lieber den Inhalt des Sarrazin-Interviews zu diskutieren als die Kommunikationspannen der Bundesbank.[132] Schon eine Woche zuvor hatte die *FAS* süffisant angemerkt, den »Reputationsschaden« habe die Bundesbank doch schon durch die »europäische Kastrierung« erlitten, da könne »die ein oder andere törichte Bemerkung eines Mitarbeiters« doch nicht so sehr ins Gewicht fallen.[133]

Die Abstrafung Thilo Sarrazins durch den Bundesbankvorstand war auch ohne diese Enthüllungen ein weiterer Wendepunkt im Kampagnenverlauf. Einem Mitarbeiter Zuständigkeitsbereiche zu entziehen, obwohl er sich in ihnen nichts zuschulden kommen ließ, um ihn für Meinungsäußerungen abzustrafen und aus dem Haus zu ekeln, heißt landläufig im Arbeitsleben schlicht »Mobbing«.[134] Dieses fragwürdige Vorgehen wurde in der Öffentlichkeit registriert und veranlaßte schließlich auch mehrere Politiker, sich mit Sarrazin zu solidarisieren. Otto Bernhardt, bisher finanzpolitischer Sprecher der Unionsfraktion, kritisierte, die Entmachtung Sarrazins sei »nicht transparent und nicht nachvollziehbar«, weil ihm Bereiche weggenommen worden seien, die nichts mit seinen Aussagen zu tun hätten. Der SPD-Bundestagsabgeordnete Peter Danckert bekräftigte ebenfalls, das sei »nicht die richtige Sanktion«.[135] Schon vor der Bundesbankvorstandssitzung hatte sich Ex-Bundesfinanzminister Theo Waigel (CSU) vor Sarrazin gestellt. Er »schätze ihn sehr« und würde sich wünschen, »daß es mit seiner Entschuldigung sein Bewenden hat«.[136]

Während sich diese Politiker in Pension und aus der zweiten Reihe noch sehr vorsichtig ausdrückten, sprach die Vorsitzende des »Zentralrats der Ex-Muslime«, einer säkularen Gegenorganisation zu den oft fundamentalistisch beeinflußten Islam-Verbänden, Klartext: Die Entmachtung Sarrazins »ist das falsche Signal und hilft der Integration keineswegs. Vielmehr kapituliert jetzt auch die Bundesbank vor der Kultur des Beleidigtseins und der Gewaltandrohungen der muslimischen Verbände in Deutschland«, sagte Mina Ahadi der *Leipziger Volkszeitung*.[137]

3.7. »Das Ende der politischen Korrektheit«

»Es lebe die Meinungsfreiheit!« Unter dieser Schlagzeile setzte Ex-BDI-Präsident Hans-Olaf Henkel, der sich von Anfang an entschieden auf die Seite des angegriffenen Thilo Sarrazin gestellt hatte, einen zweiten Paukenschlag. In seinem in der *Welt* abgedruckten »Offenen Brief an Thilo Sarrazin« zählte er die Rolle des »bisher sehr geschätzten« Bundesbankpräsidenten Axel Weber »zu den peinlichsten Beispielen opportunistischen Verhaltens eines Spitzenbeamten der Politik«, das ein »schlechtes Omen für die künftige Unabhängigkeit dieser Institution« bedeute.[138] Sarrazin liege nicht nur in der Sache richtig, er habe sich »auch in der Ausdrucksweise nicht vergriffen« – und das »nicht nur weil Sie erst durch Zuspitzung das Thema auf den Punkt gebracht haben, sondern weil Sie niemandem die Ehre abgeschnitten haben«. Unmißverständlich benennt Henkel den Kern der öffentlichen Auseinandersetzung um das Sarrazin-Interview: »Die Art der an Ihnen geübten Kritik aus dem politisch korrekten Milieu aus Politik und Medien stellt ein Armutszeugnis für den Zustand der Meinungsfreiheit in unserem Land dar. Ich kenne keine Demokratie, in der das Aussprechen gewisser Wahrheiten solche Konsequenzen hat.«

Thorsten Hinz sah in einem Leitartikel der *Jungen Freiheit* zu Beginn der Kampagne die Bundesrepublik weiter auf dem Weg in eine »DDR light«. Die reflexartige Aufnahme von Ermittlungen wegen »Volksverhetzung« durch die – weisungsgebundene – Staatsanwaltschaft erinnerte Hinz an die DDR, wo es einen ganzen Strauß vergleichbarer Gummiparagraphen gegeben habe, »die Kritiker einschüchtern, eine eigenständige politische Reflexion unterbinden und ihre Veröffentlichung kriminalisieren sollten. Denn noch die kleinste und bestgemeinte Kritik verwies auf die Brüchigkeit des Ganzen.« Die Kampagne gegen Sarrazin solle »das Volk disziplinieren«, aber auch die Geschlossenheit der »politisch-medialen Klasse« wiederherstellen, »indem sie den Dissidenten aus den eigenen Reihen prügelt«.[139]

Die Bundesrepublik Deutschland ist natürlich kein totalitärer Staat wie die DDR oder die Sowjetunion. Doch vielen Hütern der politischen Korrektheit ist totalitäres Denken nicht fremd. Ohne Zögern droht man dem, der die Diskursregeln verweigert, mit strafrechtlichen Konsequenzen, mit dem Verlust der beruflichen Existenz – Volker Zastrow hatte das in der *FAS* klar auf den Punkt gebracht.[140] Manche gehen sogar noch weiter und erklären den Abweichler kurzerhand für verrückt. Wie Arno Widmann in einem – hier ist das Attribut tatsächlich angebracht – beleidigenden und diffamierenden Leitartikel: Thilo Sarrazin, heißt es da, »reagiert hysterisch auf die Veränderung der Bundesrepublik Deutschland. [...] Der Mann ist verrückt.«[141] Und ein Kommentator der Wirtschaftszeitung *Financial Times Deutschland*, der das Degradierungs-Mobbing der Bundesbank zur verdienten »beruflichen Quittung« für Sarrazins »Latrinenparolen« erklärt, bescheinigt dem Bundesbankvorstand einen »Dachschaden«.[142] Das erinnert beunruhigend an die politische Psychiatrie der Sowjetunion, die Dissidenten gern für geisteskrank erklärte und in geschlossene Anstalten einwies.

Solchem Tugendterror zu widerstehen erfordert Mut. »Interviews voller Watte und inhaltsleerer Formeln gibt es genug«, schreibt *FAZ*-Herausgeber Berthold Kohler in einem Leitartikel. »Sarrazin aber hielt, trotz Warnungen und der vorhersehbaren Reaktion der ›Betroffenen‹, am Gesagten fest. Das kann man in einer Welt der Anpassung Dummheit nennen, aber auch persönliche und politische Courage. In jedem Fall leistete der frühere Berliner Senator der Meinungsfreiheit einen Dienst, indem er sich ihrer Einengung, der schleichenden wie der vorsätzlichen, widersetzte.«[143] Jasper von Altenbockum wird eine Woche später an gleicher Stelle noch deutlicher. Er vergleicht Thilo Sarrazin mit Dominik Brunner, dem couragierten Geschäftsmann, der an einem Münchner S-Bahnhof Kinder gegen Schläger verteidigte und dabei totgeprügelt wurde. Altenbockum zielt auf die Achtundsechziger, die einst Polizisten, Soldaten, Lehrer verächtlich machten – »Leute, die Zivilcourage zum Beruf machten, wurden lächerlich gemacht oder gar kriminalisiert; die Leute, die sie kriminalisierten, galten als Vorbilder für Zivilcourage; wer vor den Folgen warnte, also Zivilcourage zeigte, war als angepaßter Spießer isoliert« – und heute auf einen Thilo Sarrazin losgehen, weil er »auf Staatsversagen, Gewalt und rechtsfreie Räume« hinweist: »So versuchen die Zivilcouragierten von gestern, die Zivilcourage mundtot zu machen, die sie so inbrünstig fordern.«[144] Noch bündiger bringt es Volker Zastrow auf den Punkt, der auf den weithin vergessenen »Zusammenhang zwischen Redefreiheit, Meinungsfreiheit und Demokratie« hinweist: »Jahre nach der großen Kulturrevolution der sechziger Jahre ist an die Stelle der geschleiften Autoritäten ein anonymer, konturenloser Schleim getreten, die verallgemeinerte Autorität, aus dem je nach Bedarf wie Formwandler Gestalten springen und Verdikte verkünden, gegen die keine Berufung eingelegt werden kann. So wird aber auch die Gedankenfreiheit untergraben, das unabhängige Urteil entmutigt.«[145]

Lange nicht wurde in einer großen deutschen Tageszeitung fundamentaler, offener und schonungsloser der zerstörerische Einfluß der politischen Korrektheit auf die Geistesfreiheit in Deutschland beim Namen genannt. Sarrazin war der Katalysator: Er habe mehr als Mut, nämlich Kühnheit gezeigt, als er »dem System der politischen Korrektheit« zum richtigen Zeitpunkt den Gehorsam verweigerte, konstatierte Klaus Rainer Röhl.[146] Der geläuterte Ex-Kommunist ruft das »Ende der politischen Korrektheit« aus: »Das ganze System der Ausgrenzung hat im Falle Sarrazin versagt. Die Waffe der politischen Korrektheit war stumpf geworden. 85 Prozent aller Leserbriefe und E-Mails gaben Sarrazin recht, die großen Zeitungen wie die ›Welt‹ oder die ›FAZ‹ schlugen sich auf seine Seite.«

Die Woge der Zustimmung, die dem an den Pranger gestellten Sarrazin entgegenschlug, blieb nicht ohne Eindruck auf Redaktionen und Kommentatoren auch kleinerer und mittlerer Zeitungen. Wenn »offensichtliche Probleme hartnäckig lieber beschwiegen werden, statt auch einmal zugespitzt beim Namen genannt, nur weil man Angst davor hat, im Falle einer Todsünde gegen die sogenannte politische Korrektheit von der auf Knopfdruck in Gang zu setzenden Maschinerie der Empörung erbarmungslos ans Kreuz genagelt zu werden, führt das in der Volksseele schon zu einer breiten Empfindung, daß man in Deutschland nicht mehr sagen darf, was man denkt«, hat eine bayerische Regionalzeitung erkannt.[147] Und eine Stimme aus Sachsen: »Thilo Sarrazin hat gegen das oberste Gebot der korrekten Bundesrepublik verstoßen: Du sollst nicht laut aussprechen, was viele denken und bewegt, weil schon hinter der nächsten Ecke ein Beleidigter zürnt.«[148]

Aus vielen Leserbriefen spricht ein Gefühl der Befreiung. »Welch eine atemberaubende, breite Gasse für die freie Meinung – und für die Wahrheit«, schreibt ein Leser auf Kohlers Leitartikel in der *FAZ*; ein anderer fühlt sich »in der Meinungsdiktatur«.[149] Eine weitere Stimme sagt Sarrazin »Dank für seinen Mut, die Probleme mit bestimmten Einwanderergruppen deutlich aufzuzeigen. Seine Kritiker sind davon nicht betroffen. Sie können sich Wohngebiet und Schulen aussuchen, die Last tragen die ohnehin sozial Schwachen.« Und wieder ein anderer: »Sarrazin hat den Mut, die ›political correctness‹ mal beiseite zu lassen und in seiner gewohnten Art auszusprechen, was wahrscheinlich die Mehrheit der Bevölkerung (und sogar einige Türken) denkt, aber sich nicht traut, laut zu sagen. [...] Die Schere zwischen der schweigenden Mehrheit und der Politik geht immer weiter auseinander.«[150]

»Doch nun, oh Schreck, zeigen Umfragen, daß der Kritiker eines parasitären Wohlfahrtsstaats-Verständnisses gar nicht so allein auf weiter Flur steht.«[151] Der breiter werdende Graben »zwischen öffentlicher und veröffentlichter Meinung« machte die »kleiner werdende, aber in der Verteidigung ihrer Macht und ihrer Jahresgehälter radikale Minderheit der Betroffenheitsprofis und festangestellten Trauerarbeiter« sichtlich nervös.[152] »Erschreckend ist nicht, daß ein Thilo Sarrazin so plumpes Gedankengut vertritt. Beängstigend ist, daß eine Mehrheit der Deutschen damit offenbar kein Problem hat und ihm sogar zustimmt«[153] – empört sich die *taz* mit Bezug auf die Emnid-Umfrage für *Bild am Sonntag,*[154] spürbar betroffen über den Verlust an Deutungshoheit. Auch der Vorsitzende des Deutsch-Türkischen Forums der CDU Nordrhein-Westfalens, Bülent Arslan, sieht das eigentliche Problem darin, »daß ein hoher Anteil der Bevölkerung Umfragen zufolge Sarrazin recht gebe«.[155] Für die *Westdeutsche Allgemeine Zeitung* ist die nämliche Umfrage ein Beleg dafür, daß »Vorurteile und Fremdenfeindlichkeit [...] in unserer Gesellschaft vorhanden sind«.[156] Dagegen hält Alexander Gauland die hohe Zustimmung der Bürger für Sarrazin in Umfragen für »eine erstaunliche Zahl, wenn man bedenkt, daß sie damit ›perfide, infam und volksverhetzend‹ denken und ›Göring, Goebbels und Hitler große Ehre‹ machen würden, so der darüber nicht mehr recht glückliche Generalsekretär des Zentralrates«, dessen Verdikte offenkundig an Schrecken verloren haben; Broder, Giordano, Wolffsohn und die Leserbriefspalten der Zeitungen bildeten eine stabile »Gegenöffentlichkeit«.[157]

Und diese Gegenöffentlichkeit ist durchaus der Meinung, Sarrazin »rührt [...] an Tabus«,[158] habe »mit seiner unverblümten Kritik an der Integrationsbereitschaft islamischer Migranten ein Tabu der politischen Korrektheit gebrochen«;[159] Schriftsteller Marko Martin wähnt sich »im Lande der Duckmäuser«: »Wären die flotten Sprüche vom Entertainer Harald Schmidt gekommen – die jetzt so empörte Spießermeute hätte heftigst applaudiert.«[160] Stattdessen bestreiten die in die Defensive geratenen linksliberalen Medien, daß Sarrazin überhaupt inhaltlich Beachtenswertes gesagt habe. Das »Privileg, mit einem gesellschaftlichen Tabu gebrochen zu haben, kann Thilo Sarrazin auch nicht beanspruchen«,[161] behauptet die *Frankfurter Rundschau* mit Hinweis auf frühere Wortmeldungen etwa vom Neuköllner Bürgermeister Heinz Buschkowsky – der allerdings Sarrazin mehrfach bescheinigt hatte, realitätsnah zu analysieren, auch wenn einige Formulierungen zu kritisieren seien, und ganz im Gegenteil bekräftigt: »Es ist immer noch kein gesellschaftlicher Konsens, daß wir ein Integrationsproblem haben.«[162] Es gebe in Deutschland keine Tabus und Meinungskartelle, glaubt die *Frankfurter Rundschau* dagegen zu wissen; der Kampf um die Meinungsfreiheit und gegen das »Meinungsdiktat der politisch Korrekten« sei nur ein argumentativer Trick, den sich »Sarrazins willige Vollstrecker« bei Jürgen W. Möllemann abgeschaut hätten. Die Leserbriefschreiber, die sich bei Sarrazin für das Durchbrechen von Redeverboten bedankten, unterlägen einer »Teilamnesie«.[163] Schlimmer noch, gerade der Beifall von »Volkes Stimme« und die hohe Zustimmungsquote sei angesichts der in Deutschland herrschenden »diffuse[n] Furcht vor dem Fremden« ein »trauriger Beleg dafür, wie falsch seine Äußerungen sind«.[164] Man kennt das ja: »Indirekt spielt Sarrazin mit dem Vorwurf, in Deutschland dürfe man nicht sagen, was man denkt. Auch das ist oft ein Spruch Radikaler. Sie reden so, um als Opfer von ›Denkverboten‹ interessanter, wichtiger zu wirken: Sarrazin macht ihr Gedankengut hoffähig – ob er es will oder nicht.«[165] Wer widerspricht und kritisiert, erweist sich dadurch schon als Böser – klarer kann man die selbstangemaßte Inquisitorenrolle eigentlich nicht zugeben.

Dabei muß selbst ein anerkanntes linksliberales Leitmedium wie die *Zeit* beim besorgten Blick auf die eigenen Leser und Online-Kommentatoren feststellen, daß es eben nicht nur »die paar handfesten Neonazis in den Debattenforen und Leserbriefspalten« sind, die Sarrazin applaudieren: »Es ist vielmehr die wutschäumende Mitte, über die man sich Gedanken machen muß.« Stephan Kramer, Generalsekretär des Zentralrats der Juden, und Bundesbankchef Weber hätten durch ihr Agieren den Mythos von Sarrazin als »einsamer Kämpfer gegen Rede- und Denkverbote« maßgeblich befördert. Alles also nur eine Panne? Ein kritischer Kommentar über Kramer habe »in kurzer Zeit über 600 zustimmende Kommentare« erhalten, sinniert Jörg Lau. Die Leserbriefe und Debattenbeiträge zum Stand der Integration, zur deutschen Identität und zur Haltung der Migranten gingen »noch weit über Sarrazins Zuspitzungen« hinaus; »eine unterdrückte Wut macht sich Luft«. Dabei gäbe es doch eigentlich »praktisch kein Tabu mehr beim Reden über Integration«, klagt Lau. Ein Beweis sei die türkische Autorin Seyran Ates.[166] Die allerdings sieht die Sache differenzierter: »Herr Sarrazin ist Deutscher, und wenn ein Deutscher öffentlich und in herausgehobener Position von türkischen Menschen ohne ›produktive Funktion‹ spricht, kommt das hochgradig mißverständlich an«, sagte Ates dem *Spiegel*: »Ich kenne Türken auf der Straße, die so sprechen, die dürfen das. Herr Sarrazin nicht.«[167]

Der Vorwurf der Ausgrenzung, des »Elitismus«, der gegen Sarrazin erhoben wurde, richtet sich angesichts der offenen Verachtung von Mehrheitsmeinungen gegen seine Kritiker selbst. »Die Stammtische haben ein Mitspracherecht«, betont die *Welt* demgegenüber. Die Empörung über Sarrazin sei »die bisher letzte Welle einer Korrektheitskultur, die das Gute will und leicht das Böse schaffen kann«. Und sie sei »bigott«, denn es »weiß jeder, daß vieles von dem, was er sagte, zutrifft. Und zur Redekultur eines freien Landes gehört das Recht, drastisch zu werden und polemisch über die Stränge zu schlagen«. Die Unterdrückung des Offensichtlichen, nämlich daß »Integration Mangelware« ist, erzeugt Zorn; die »berühmten, geschmähten und oft verkannten Stammtische haben ein Recht, das ihre zum Diskurs beizutragen. Auch das muß eine zivile Gesellschaft aushalten.«[168] Alexander Gauland kritisiert folgerichtig »die Abgehobenheit einer politischen und medialen Elite, die eine Realität nicht akzeptieren, ja nicht einmal diskutieren möchte, weil sie das offizielle Bild einer multikulturellen Gesellschaft stört, weil nicht wahr sein kann, was gemäß der herrschenden politischen Korrektheit nicht wahr sein darf: daß sich nicht alle kulturellen Haltungen gleichermaßen zur Integration in eine westliche europäische Gesellschaft eignen.«[169]

Vereinzelt wird Selbstkritik geübt. »Statt den Text [sc. des Sarrazin-Interviews] zu analysieren und zu dokumentieren, blieb es bei der Verbreitung einiger Zitate und einer – zunächst auch in unserer Zeitung – reflexartig beschworenen angeblichen Ausländerfeindlichkeit. Die Mühe, den Text genau zu studieren, hat sich kaum jemand gemacht. Zu konstatieren ist im ›Fall‹ Sarrazin also ein gewisser Verlust journalistischer Sitten.«[170]

Medien-Zerknirschung über die eigene Kampagnen-Rolle – eine ungewohnte Erfahrung. »Der Fall Sarrazin markiert eine Zeitenwende«, schreibt André F. Lichtschlag im Editorial der libertären Zeitschrift *eigentümlich frei*. »Seine ›umstrittenen‹ Thesen, die zunächst noch wie gewohnt blockiert und verhöhnt, diesmal gar strafrechtlich verfolgt werden sollten, werden plötzlich allerorten diskutiert. Und mehr noch: Die politisch korrekten Gesinnungswächter, die auch diese Debatte unterbinden wollten, sind plötzlich selbst zum Gegenstand der Kritik geworden.« Sarrazins Kritik bleibt nicht bei Integrationsfragen und Parallelgesellschaften stehen, seine Thesen »treffen den Sozialstaat« als Kern des Problems, betont Lichtschlag.[171]

Das Scheitern der Kampagne läßt schließlich auch die publizistischen Fronten verschwimmen. Die bis dahin durchgängig sarrazinkritische *Financial Times Deutschland* setzt sich in einer treffenden Analyse der Kampagnen gegen Thilo Sarrazin, Martin Hohmann und Eva Herman mit den »grotesken und fruchtlosen« Empörungsritualen auseinander.[172] Das alles erstickende Ritual habe fünf immer wiederkehrende Elemente: 1. den Ausbruch: »Niemand kennt die Quelle, aber alle regen sich auf.« 2. Die Aufreger, die ohne sich selbst informiert zu haben die Empörung weitergeben; 3. Die Hexenjagd, für die alles mobilisiert wird, 4. »Die Dümmsten wollen die Klügsten sein« (im Fall Eva Herman Johannes B. Kerner und sein Fernsehtribunal), und 5. Der Verlust der Quelle: »Es ist schnell unerheblich, was genau der Provokateur – hier Sarrazin – gesagt hat. Die Empörung verselbständigt sich, ringt mit der Gegenempörung und gibt erst Ruhe, wenn der Provokateur erledigt oder mundtot ist.«

Das hat psychotische Züge. Peter Sloterdijk faßt das reflexhafte Treiben der »deutschen Berufsempörer« in einem Beitrag für die Zeitschrift *Cicero* in prägnante Worte: »Man möchte meinen, die deutsche Meinungs-Besitzer-Szene habe sich in einen Käfig voller Feiglinge verwandelt, die gegen jede Abweichung von den Käfigstandards keifen und hetzen. Sobald einmal ein scharfes Wort aus einem anderen Narrenkäfig laut wird, bricht auf der Stelle eine abgekartete Gruppendynamik los. Dabei geht es zu, als gelte es, einen Wettbewerb in Empörungsdarstellung zu gewinnen.« Auch Bundesbankpräsident Axel Weber habe sich »gegen die Epidemie des Opportunismus als nicht immun« erwiesen. Er hätte sich gelassen im Namen der Meinungsfreiheit vor seinen Mitarbeiter stellen können; statt dessen habe er, mit seiner Rücktrittsaufforderung, »die allgemein erwartete Sklavensprache« gesprochen, ohne auf den Gedanken zu kommen, »seine eigene entkernte Haltung, sein serviles Vorwegnehmen von eingebildeten Nachteilen, sein Floaten mit dem Tageskurs der Empörerei könnten die wirkliche Gefahr für das Ansehen seines Unternehmens bedeuten.«[173]

Alt-Bundeskanzler Helmut Schmidt sorgte schließlich dafür, daß selbst in der *Zeit* noch eine Lanze für Thilo Sarrazin gebrochen wurde. Schmidt bekräftigt Sloterdijks Kritik am herrschenden Konformitätsdruck; »ein wichtiger Punkt ist doch, daß die Volksmeinung überwiegend auf der Seite Sarrazins ist«. Dessen Analyse, aus der die Presse die Passagen über Ausländer »herausgezupft« habe, hätte er in weiten Teilen zustimmen können, »wenn er sich ein bißchen tischfeiner ausgedrückt hätte«. Auf Nachfrage bekräftigt der Alt-Bundeskanzler eine Aussage Sarrazins, die seinen Kritikern als Paradebeispiel für »rassistische« Denkweise dient: die Erblichkeit von Intelligenz, die nicht allein vom sozialen Umfeld abhängt.[174] Binnen weniger Wochen hat die Sarrazin-Debatte den Rahmen des Sagbaren in einem Ausmaß erweitert, das zu Beginn der Kampagne kaum zu erwarten war.

4. Sarrazins Behauptungen – eine Überprüfung

4.1. Gemeinplätze?

Sarrazin hat mit seinen im *Lettre*-Interview geäußerten Behauptungen einen wunden Punkt getroffen. Das beweist die Zustimmung, die er in Leserbriefspalten und Umfragen erfahren hat. Sarrazin hat eine längst überfällige Debatte über Massenzuwanderung, Integrationsverweigerung, Parallelgesellschaften, den demographischen Wandel und den kurz vor dem Kollaps stehenden Sozialstaat in Deutschland angestoßen, die größte seit dem Streit um die Änderung des Asylrechts in den neunziger Jahren. Dabei ist er längst nicht der erste, der diese Probleme anspricht. Erinnert sei an die Arbeiten von Stefan Luft,[175] Rolf Stolz' *Deutschland, deine Zuwanderer*[176] oder Hans-Hermann Gockels *Deutschland, die überstrapazierte Nation.*[177] Auch der Bevölkerungswissenschaftler Herwig Birg weist seit Jahren auf den wachsenden Zuwanderer- und Ausländeranteil in Deutschland und die damit verbundenen gesellschaftlichen und wirtschaftlichen Probleme hin.[178]

Der Herausgeber der *Zeit*, Giovanni di Lorenzo, veröffentlichte 2004 eine recht schonungslose Beschreibung der Integrations- und Leistungsdefizite von Türken in Deutschland.[179] Darin stellte er fest, daß vierzig Jahre nach der ersten Einwanderungswelle in Deutschland »der soziale Aufstieg der Türken kaum zu erkennen« sei. Die türkische Einwanderung sei bislang »erschreckend erfolglos« geblieben. Trotz der Gefahr, Rechtsradikalen in die Hände zu spielen, müsse es erlaubt sein, »auf eine Form der Einwanderung zu schauen, die der Volkswirtschaft heute wenig bringt und den Steuerzahlern schwer nachvollziehbare Belastungen abverlangt. Die Zahlen sind ein einziges Desaster.« Die Arbeitslosenquote der türkischen Bevölkerung sei mehr als doppelt so hoch wie bei der deutschen. »In Berlin, der Stadt mit der höchsten türkischen Kolonie außerhalb der Türkei (122 000), liegt sie seit Ende der neunziger Jahre sogar bei 40 Prozent. Die Zahl der Türken, die von der Sozialhilfe leben: prozentual mehr als dreimal so hoch wie ihr Anteil an der Bevölkerung. Insgesamt waren 2001 nur noch 44 Prozent der Türken in Deutschland erwerbstätig, Tendenz weiter sinkend«. Das durchschnittliche Renteneintrittsalter der Türken in Berlin liege aufgrund massenhafter Berufsunfähigkeit bei rund 50 Jahren. »Von einem ausgeglichenen Verhältnis zwischen eingezahlten Beiträgen und Auszahlung kann da keine Rede mehr sein. Es ist, als werde das Prinzip der Einwanderung auf den Kopf gestellt, nach dem Menschen ihre Heimat verlassen, um sich selbst, spätestens aber ihren Kindern mit eigener Hände Arbeit eine bessere Zukunft zu schaffen«, schrieb di Lorenzo bereits vor fünf Jahren. Doch sein Beitrag sorgte kaum für Diskussionen. Anders bei Sarrazin: Nachdem sich die erste Welle der reflexartigen Entrüstungen etwas gelegt hatte, präsentierten mehrere Zeitungen und Zeitschriften sogenannte »Fakten-Checks«, in denen sie Sarrazins Thesen mit den Zahlen der offiziellen Statistikämter verglichen – teils mit recht unterschiedlichen Ergebnissen.[180] Dabei war die Aussage, daß »etwa 20 Prozent der Bevölkerung« Berlins nicht »ökonomisch gebraucht« werden, leicht zu überprüfen: In Berlin erhielt Ende 2006 jeder fünfte (20,1 Prozent) Mindestsicherungsleistungen. Deutschlandweit waren es 10,1 Prozent.[181] Die Aussage »Man muß davon ausgehen, daß menschliche Begabung zu einem Teil sozial bedingt ist, zu einem anderen Teil jedoch erblich«, wurde fast einhellig zurückgewiesen. Dabei besteht in der Intelligenzforschung und Soziobiologie Einigkeit über die Tatsache, daß Intelligenz in hohem Maße erblich bedingt ist.[182]

4.2. Definitionen

Sarrazin hat teils deftige Worte gewählt, um auf Mißstände, Tatsachen und Tendenzen hinzuweisen. Daß seine Behauptungen insgesamt einer Überprüfung standhalten, zeigt ein Abgleich mit den Fakten. Sie beruhen auf den maßgeblichen Zahlen verschiedener Statistikämter und anderer Behörden. Zu ihrem Verständnis sind die Definitionen einiger Begriffe notwendig:

Migrationshintergrund: »Bei der Bevölkerung mit Migrationshintergrund handelt es sich um Personen, die nach 1949 auf das heutige Gebiet der Bundesrepublik Deutschland zugezogen sind, sowie alle in Deutschland geborenen Ausländer/-innen und alle in Deutschland Geborenen mit zumindest einem zugezogenen oder als Ausländer in Deutschland geborenen Elternteil.«[183]

Ausländer/Ausländische Bevölkerung: »Dazu zählen alle Personen, die nicht Deutsche im Sinne des Art. 16 Abs. 1 des Grundgesetzes (GG) sind. Zu ihnen gehören auch die Staatenlosen und die Personen mit ungeklärter Staatsangehörigkeit. Deutsche, die zugleich eine fremde Staatsangehörigkeit besitzen, gehören nicht zu den Ausländern und Ausländerinnen. Die Mitglieder der Stationierungsstreitkräfte sowie der ausländischen diplomatischen und konsularischen Vertretungen unterliegen mit ihren Familienangehörigen nicht den Bestimmungen des Ausländergesetzes und werden somit statistisch nicht erfaßt.«[184]

Arbeitslose: »Zu den Arbeitslosen zählen alle bei der Agentur für Arbeit registrierten Arbeitssuchenden im Alter von 15 bis in der Regel 64 Jahren, die keine Beschäftigung haben oder weniger als 15 Wochenstunden arbeiten, eine versicherungspflichtige, mindestens 15 Stunden wöchentlich umfassende Beschäftigung suchen. Sie müssen dabei den Vermittlungsbemühungen der Arbeitsagenturen zur Verfügung stehen. Arbeitsunfähige erkrankte Personen in Arbeitsbeschaffungsmaßnahmen werden nicht als arbeitslos gezählt.«[185]

Arbeitslose Ausländer: »Als arbeitslose Ausländer gelten nichtdeutsche Arbeitslose (Ausländer, Staatenlose und Personen mit ungeklärter Staatsangehörigkeit), die eine Arbeitnehmertätigkeit in der Bundesrepublik Deutschland ausüben dürfen.«[186]

Erwerbslose »sind Personen ohne Erwerbstätigkeit im Alter von 15 bis 74 Jahren, die sich in den letzten vier Wochen aktiv um eine Arbeitsstelle bemüht haben und sofort, d. h. innerhalb von zwei Wochen, für die Aufnahme einer Tätigkeit zur Verfügung stehen. Dabei spielt es keine Rolle, ob sie bei einer Arbeitsagentur als arbeitslos gemeldet sind oder nicht.«[187]

4.3. Die Einzelaussagen

4.3.1. Negativauslese I

»Es gibt [in Berlin] auch das Problem, daß 40 Prozent aller Geburten in der Unterschicht stattfinden.«

Die These läßt sich nicht vollständig überprüfen, da es hierzu keine genauen Erhebungen gibt. Tendenziell bekommen Frauen weniger Kinder, um so besser sie ausgebildet sind. Vor allem in Westdeutschland gilt: »Je höher der Bildungsstand, desto häufiger ist eine Frau kinderlos. Betrachtet man Frauen ab 40 Jahre, die ihre Familienplanung größtenteils abgeschlossen haben, hatten 26 Prozent der Frauen mit hoher Bildung keine Kinder. Dieser Anteil ist deutlich höher als bei den Frauen mit mittlerer Bildung (16 Prozent) und mehr als doppelt so hoch wie bei den Frauen mit niedriger Bildung (11 Prozent).«[188] Ein weiterer Hinweis ist das Elterngeld. Seit dessen Einführung erhalten auch Sozialhilfeempfängerinnen im ersten Jahr nach der Geburt 300 Euro monatlich. Der Soziologe Gunnar Heinsohn spricht in diesem Fall von sogenannten Transferbabys. In Neukölln liegt deren Anteil an Neugeborenen bei 70 Prozent.[189] Laut dem Statistischen Bundesamt bezogen 47 Prozent der Mütter und Väter von im Jahr 2007 geborenen Kindern nur den Mindestsatz des Kindergeldes in Höhe von 300 Euro.[190] Das heißt, daß sie vorher nicht gearbeitet haben, sagt aber nicht direkt etwas über die Bevölkerungsschicht aus, in der sie leben. Hinzu kommt die höhere Geburtenrate von Migranten, die im Verhältnis häufiger der Unterschicht angehören als Deutsche.[191] »So haben von den 35- bis 44jährigen Zuwanderinnen (Jahrgänge 1964 bis 1973) 13 Prozent keine Kinder, bei den in Deutschland geborenen Frauen sind es 25 Prozent. Unter den 25- bis 34jährigen haben 39 Prozent der Frauen mit Migrationserfahrung bisher noch keine Kinder, bei den Frauen ohne Migrationserfahrung sind es mit 61 Prozent erheblich mehr.«[192]

4.3.2. Negativauslese II

»Eine große Zahl an Arabern und Türken in dieser Stadt, deren Anzahl durch falsche Politik zugenommen hat, hat keine produktive Funktion, außer für den Obst- und Gemüsehandel, und es wird sich vermutlich auch keine Perspektive entwickeln.«

Fest steht, daß Ausländer in Berlin wesentlich häufiger arbeitslos sind (20,7 Prozent) als Deutsche (14 Prozent).[193] Türken stellen mit 23,8 Prozent die größte Ausländergruppe in Berlin.[194] Wie hoch die Arbeitslosenquote der einzelnen Migrantengruppen in Berlin ist, wird nicht gesondert erhoben. Deutschlandweit war die Arbeitslosenquote von Ausländern 2007 mit 20,3 Prozent »etwa doppelt so hoch wie in der Gesamtbevölkerung«.[195] Und auch unter den Erwerbslosen sind Migranten zudem deutlich überrepräsentiert. Von den deutschlandweit insgesamt 3,6 Millionen Erwerbslosen 2007 hatten 1,05 Millionen einen Migrationshintergrund.[196] Von den 3,7 Millionen Hartz-IV-Empfängern waren 2007 1,3 Millionen Migranten.[197] Mit Obst- und Gemüsehandel dürfte Sarrazin gemeint haben, daß Türken und Araber es aufgrund ihrer durchschnittlich niedrigeren Bildung schwerer auf dem Arbeitsmarkt haben und eher in »einfachen« Berufen ohne notwendige Ausbildung unterkommen. Auch hier geben ihm die Zahlen recht. Ausländer und Migranten verfügen über eine erheblich schlechtere schulische Ausbildung als Deutsche. So waren 2007 von den 2,3 Millionen Personen in Deutschland ohne Schulabschluß 1,4 Millionen Migranten und nur 0,9 Millionen Deutsche.[198] Während in Deutschland 2007 7,3 Prozent aller Schulabgänger ohne Schulabschluß blieben, lag die Zahl unter den ausländischen Schulabgängern mit 16 Prozent mehr als doppelt so hoch.[199]

4.3.3. Demographische Dynamik

»Die Türken erobern Deutschland genauso, wie die Kosovaren das Kosovo erobert haben: durch eine höhere Geburtenrate.«[200]

Von den 2007 in Deutschland geborenen 684 862 Kindern hatte nachweislich nur rund die Hälfte (338 684) einen deutschen Vater und eine deutsche Mutter, der Rest hatte mindestens einen Elternteil mit Migrationshintergrund, bzw. war die Nationalität des Vaters unbekannt. (Dabei darf nicht vergessen werden, daß Türken hierzulande die größte Zuwanderergruppe stellen.) Zum Vergleich: 1995 hatten von den 765 221 in Deutschland geborenen Kindern noch 506 847 zwei deutsche Elternteile.[201] Hinzu kommt, daß die Geburtenrate von Türken in Deutschland höher ist als die der Einheimischen. Die durchschnittliche Kinderzahl in Deutschland lag 2008 je Frau bei 1,38.[202] Nach Angaben des Berlin-Instituts für Bevölkerung und Entwicklung bekommen »Araber und Türken im Schnitt je zwei Kinder pro Familie«.[203] Laut dem Mikrozensus 2008 des Statistischen Bundesamtes weisen unter den Zuwanderinnen »vor allem Frauen türkischer Herkunft Besonderheiten im generativen Verhalten auf. Sie sind deutlich seltener kinderlos als der Durchschnitt der zugewanderten Frauen«.[204] Zudem sei »der Anteil der Frauen mit Migrationserfahrung an allen Müttern mit 4 oder mehr Kindern überdurchschnittlich hoch und hat sich von 14 Prozent bei den älteren Frauenkohorten (1933 bis 1943) auf 42 Prozent bei den 1964 bis 1973 geborenen Müttern erhöht«.[205] Insgesamt wird sich die höhere Geburtenrate unter Ausländern und Migranten vor allem in Hinblick auf die demographische Alterung der

Deutschen langfristig auf die Bevölkerungsstruktur hierzulande auswirken. Dies zeigt sich auch an den aktuellen Zahlen: Von den 4,6 Millionen in Deutschland lebenden Männern zwischen 65 und 75 Jahren haben 4,1 Millionen keinen und etwa 0,5 Millionen einen Migrationshintergrund, was einem Verhältnis von rund 8:1 entspricht. Von den 1,75 Millionen unter Fünfjährigen haben 1,17 Millionen keinen und 0,58 Millionen einen Migrationshintergrund. Hier liegt das Verhältnis schon bei rund 2:1. Bei den Frauen in den gleichen Altersgruppen sehen die Zahlen wie folgt aus: 65 bis 75 Jahre: 10,7:1. Unter Fünfjährige: knapp 2:1.[206] Erwähnt seien hierbei auch die Städte, in denen die unter Fünfjährigen zu über 60 Prozent über einen Migrationshintergrund verfügen. So zum Beispiel Nürnberg (67 Prozent), Frankfurt/Main (64,6 Prozent), Düsseldorf (63,9 Prozent) und Stuttgart (63,6 Prozent).[207]

4.3.4.Parallelgesellschaft

»Es ist ein Skandal, daß die Mütter der zweiten, dritten Generation immer noch kein Deutsch können, es allenfalls die Kinder können und die lernen es nicht wirklich.«

Die Aussage kritisiert die mangelnde deutsche Sprachfähigkeit von Zuwanderern. Zum einen, daß Migranten auch nach Jahrzehnten in Deutschland noch nicht die deutsche Sprache ausreichend beherrschen, zum anderen, daß auch die zweite und dritte Generation der Zuwanderer erhebliche Defizite beim Umgang mit der deutschen Sprache aufweist. Teilweise nimmt die Sprachfähigkeit bei der dritten Zuwanderergeneration im Vergleich zur Einwanderungsgeneration sogar ab. Beispielsweise erreichen 25 Prozent der Migrantenkinder der ersten Generation in Mathematik nicht das Basisniveau. Bei den Kindern der zweiten Generation sind es 40 Prozent. Bei der Leseleistung zeigt sich ein ähnliches Bild: »Hier gehörten sogar 44 Prozent der 2. Generation zu den sogenannten Risikoschülern, da sie im Lesen nicht einmal über die grundlegenden Kompetenzen verfügen«.[208] Das Deutsche Institut für Wirtschaftsforschung kam 2001 in einer Untersuchung zu dem bemerkenswerten Ergebnis, daß »die sprachliche Integration unter den türkischen Zuwanderern, die zu 70 Prozent angeben, dauerhaft in Deutschland bleiben zu wollen, gering ist. Nur 20 Prozent der türkischen Zuwanderer sprechen im Alltag überwiegend Deutsch«.[209] Die Studie kommt weiterhin zu dem Fazit, daß die »hohen Anteile der Zuwanderer, die nicht gut Deutsch sprechen oder schreiben und die Deutsch im Alltag nicht überwiegend sprechen, zeigen, daß die sprachliche Integration von Zuwanderern keine Selbstverständlichkeit ist«.[210]

4.3.5. Machokultur

»Es ist ein Skandal, wenn türkische Jungen nicht auf weibliche Lehrer hören, weil ihre Kultur so ist.«

Daß dies ein Skandal ist, steht außer Frage. Fraglich ist jedoch, ob und wie häufig solche Fälle vorkommen. Daß türkische und andere männliche muslimische Schüler nur mangelnden beziehungsweise keinen Respekt vor Lehrerinnen haben, ist keine Erfindung Sarrazins. Erinnert sei an den Fall der Rütli-Schule, der im April 2006 deutschlandweit für Aufsehen sorgte. Die Zustände an der Neuköllner Schule waren so unhaltbar geworden, daß sich die Lehrer nicht anders zu helfen wußten, als auf ihre Situation in einem offenen Brief aufmerksam zu machen. In einer Reportage der *Berliner Morgenpost* über den Alltag an einer Berliner Hauptschule hieß es 2008: »Respekt bedeutet für viele dieser Schüler etwas völlig anderes als das gleichnamige deutsche Wort im Munde eines Lehrers oder gar einer Lehrerin. Respect – englisch ausgesprochen – gebührt den Chefs einer Clique, denen, die sich durchsetzen können, beim Rappen oder beim Graffitisprayen. Respekt in der islamischen Variante gebührt den Älteren, den Familienoberhäuptern. Weinerliche deutsche Lehrerinnen in Strickpullovern fallen ganz sicher unter keine dieser Kategorien.«[211] Nebenbei sei erwähnt, daß laut einer Antwort der Berliner Senatsverwaltung für Bildung, Wissenschaft und Forschung auf eine Kleine Anfrage des Grünen-Abgeordneten Özcan Mutlu in 48 Schulen der Anteil von Schülern nichtdeutscher Herkunft bei 80 Prozent und mehr liegt. 14 Schulen weisen sogar einen Ausländeranteil von über 90 Prozent auf.[212]

4.3.6. Integrationskosten

»Ich habe dazu keine Lust, bei Bevölkerungsgruppen, die ihre Bringschuld zur Integration nicht akzeptieren, und auch, weil es extrem viel Geld kostet [...].«

Die Kosten durch Zuwanderung und mangelnde Integration lassen sich nur schwer ermitteln. Die »Stiftung Marktwirtschaft« stellte im Juli 2008 in ihrer Generationenbilanz fest, daß der niedrige Bildungsgrad von Ausländern hierzulande die Sozialsysteme zunehmend belastet. Laut der Untersuchung beträgt die sogenannte Nachhaltigkeitslücke derzeit etwa vier Billionen Euro. Diese Summe müßte der Staat aufgrund der demographischen Entwicklung zurücklegen, um die Zukunftsfähigkeit der Sozialsysteme zu garantieren. Ein »dramatischeres Bild« zeige sich zudem, wenn »die Ausgaben- und Einnahmeermittlung unter Berücksichtigung der fiskalischen Unterschiede zwischen Ausländern und Deutschen« mit eingerechnet werde. Dadurch vergrößere sich die Nachhaltigkeitslücke um über eine Billion auf 5,2 Billionen Euro. Die Ursachen hierfür lägen darin, so die Untersuchung, daß ein »Ausländer im Vergleich zu einem Deutschen im Verlauf seines Lebens weit weniger Abgaben an den Staat« zahle, als er an Transferleistungen erhalte.[213] Nach einem Bericht des *Focus* von 1996 stellten Ausländer laut »einem internen Papier des Bundesgesundheitsministeriums« in einigen Empfängergruppen von Transferleistungen bereits die Mehrheit. »Von den 18- bis 24jährigen Männern, die Sozialhilfe bekommen, sind 65 Prozent Ausländer. In der Gruppe der 25- bis 50jährigen ist es die Hälfte. Auch bei den Ehepaaren mit Kindern stellen ausländische Familien mit 56 Prozent die Mehrheit. Hierbei dominieren die Asylbewerber mit einem Anteil von 57 Prozent.«[214] Nach einem Artikel der *Welt am Sonntag* sind die von Zuwanderern in Deutschland geleisteten Zahlungen erst ab einer Aufenthaltsdauer von 25 Jahren und mehr höher als die empfangenen. »In all den Jahren vorher ergibt sich bei der Umverteilung von Einheimischen zu Zugewanderten ein finanzieller Überschuß zugunsten der Zugewanderten.« Ein Zuwanderer, der bis zu zehn Jahre bleibe, koste jedes Jahr 2368 Euro. Ein Zuwanderer, der zehn bis 25 Jahre bleibe, koste jedes Jahr immerhin noch 1331 Euro. Nur bei einer langen Aufenthaltsdauer von 25 Jahren und mehr ergebe sich ein Überschuß der geleisteten gegenüber den empfangenen Zahlungen von 854 Euro pro Jahr.[215] Die aktuellen Zahlen sehen nicht besser aus: Laut dem Bevölkerungswissenschaftler Herwig Birg ist unter den männlichen Migranten der Anteil an Personen, die ihren Lebensunterhalt hauptsächlich durch Sozialleistungen und Arbeitslosengeld bestreiten mit 10,7 Prozent mehr als doppelt so hoch wie bei den Nicht-Migranten (5,1 Prozent). Bei den zugewanderten Frauen leben 9,1 Prozent von staatlicher Wohlfahrt, gegenüber 4,3 Prozent der weiblichen Nicht-Migranten.[216] In deutschen Problemvierteln sind die Zahlen noch weitaus dramatischer: So haben beispielsweise im Berliner Stadtteil Neukölln 60 Prozent der Jugendlichen, die Transferleistungen bekommen, einen Migrationshintergrund.[217] Insgesamt läßt sich festhalten, daß Ausländer und Migranten wesentlich häufiger Sozialleistungen beziehen und damit prozentual höhere Kosten verursachen als Deutsche. Von den deutschlandweit 3,7 Millionen Hartz-IV-Empfängern waren 2007 1,3 Millionen Migranten,[218] was einem Anteil von 35 Prozent entspricht. Der Anteil von Migranten an der Gesamtbevölkerung liegt hingegen nur bei etwa einem Fünftel (19 Prozent). In absoluten Zahlen: Von 82,257 Millionen Einwohnern in Deutschland hatten 2007 15,411 Millionen einen Migrationshintergrund.[219] Das Berlin-Institut kommt zu folgendem Schluß: »Wirklich zufriedenstellend sind Migranten nirgendwo in Deutschland integriert. Selbst in den Bundesländern mit den besten Ergebnissen sind Migranten mehr als doppelt so häufig erwerbslos wie Einheimische, und sie hängen mehr als doppelt so oft wie diese von öffentlichen Leistungen ab.«[220] Die Untersuchung nennt aber auch konkrete Zahlen: »Im Jahr 2005 waren in Deutschland insgesamt 4861000 Menschen arbeitslos. Hochgerechnet mußte der Staat in diesem Jahr im Schnitt etwas über 87 Milliarden Euro für den Unterhalt der Betroffenen entrichten. Auf Menschen mit Migrationshintergrund, deren Anteil an allen Arbeitslosengeldempfängern bei 27 Prozent lag, entfielen so rund 23,6 Milliarden Euro. Das entspricht etwa dem Volumen des Haushaltes von Niedersachen für 2009 von 24,7 Milliarden Euro.«[221]

4.3.7. Kulturelle Nähe, kulturelle Distanz

»Man muß aufhören, von ›den‹ Migranten zu reden. Wir müssen uns einmal die unterschiedlichen Migrantengruppen anschauen. Die Vietnamesen: Die Eltern können kaum Deutsch, verkaufen Zigaretten oder haben einen Kiosk. Die Vietnamesen der zweiten Generation haben dann durchweg bessere Schulnoten und höhere Abiturientenquoten als die Deutschen. [...] absolut abfallend sind die türkische Gruppe und die Araber. Auch in der dritten Generation haben sehr viele keine vernünftigen Deutschkenntnisse, viele gar keinen Schulabschluß, und nur ein kleiner Teil schafft es bis zum Abitur.«

Im großen und ganzen hat Sarrazin recht. Auch wenn »die Vietnamesen« der zweiten Generation nicht »durchweg« bessere Schulnoten bzw. eine höhere Abiturientenquote haben, so schneiden Asiaten im Integrationsvergleich allgemein dennoch auffallend gut ab. Laut dem Berlin-Institut ist hierfür der hohe Bildungsstand von Migranten aus dem Fernen Osten ausschlaggebend, »aber auch die deutliche Tendenz zur Vermischung mit der einheimischen Bevölkerung. So führen 31 Prozent aller Verheirateten mit fernöstlichem Migrationshintergrund ihre Ehe mit einem Einheimischen.«[222] Im Bildungsbereich schnitt die fernöstliche Herkunftsgruppe laut der Untersuchung insgesamt gut ab. Zwar hätten 18 Prozent ihrer Angehörigen keinen Bildungsabschluß, doch sinke dieser Wert in der zweiten Generation deutlich. »So konnten in der zweiten Generation 63 Prozent die Hochschulreife erlangen. Unter den Einheimischen sind es insgesamt nur 38 Prozent. Auch der Anteil an Akademikern liegt in der gesamten Herkunftsgruppe mit 43 Prozent mehr als doppelt so hoch wie unter den Einheimischen«.[223] Ganz anders das Bild bei den Türken: Laut Herwig Birg fallen türkische Migranten im Bildungsvergleich durch »extrem ungünstige Werte auf« und übertreffen sogar die ohnehin schlechten Ergebnisse afrikanischer Migranten: »Von den Männern haben 17,4 Prozent und von den Frauen 25,9 Prozent keinen Schulabschluß.« Für eine kleine Teilgruppe türkischer Migranten (Eingebürgerte und hier Geborene ohne eigene Migrationserfahrung) seien die Werte zwar »nur« doppelt bis dreimal so hoch wie bei der Bevölkerung ohne Migrationshintergrund. »Aber für die wesentlich größere Hauptgruppe mit eigener Migrationserfahrung, darunter viele mit türkischer Staatsangehörigkeit, übertreffen die Zahlen die der Deutschen um das Zwanzigfache bei den türkischen Männern und sogar das Fünfunddreißigfache bei den Frauen.«[224] Zudem stehen bei Nicht-Migranten hundert Personen ohne Schulabschluß 1170 Personen mit Abitur gegenüber. In der Gruppe der Migranten, bei denen auf hundert Personen ohne Schulabschluß 172 mit Abitur kommen, schneiden die türkischen Zuwanderer laut Birg ebenfalls am schlechtesten ab: »Auf hundert Personen ohne Abschluß kommen nur achtundzwanzig mit Abitur – sie erreichen nur ein Viertel des Niveaus der Zuwanderer aus Afrika«.[225] Laut dem Berlin-Institut ist es »erschreckend«, daß türkischstämmige Migranten »im Integrationsvergleich mit Abstand am schlechtesten abschneiden«. Besonders alarmierend seien der hohe Anteil von Personen ohne Bildungsabschluß (30 Prozent) und die sehr hohe Erwerbslosigkeit unter den Jugendlichen. »In kaum einem Bereich verläuft die Integration dieser Herkunftsgruppe wirklich gut. Vielmehr verstärkt sich der Eindruck, daß sich ein Teil der türkischen Mitbürgerinnen und Mitbürger in eigene soziale

Gemeinschaften« zurückzieht.[226] Wie wichtig diese für sie seien, zeige sich auch am äußerst geringen Anteil bikultureller Ehen: »Er liegt bei nur fünf Prozent.«[227]

4.3.8. Ethnischer Brückenkopf

»Ich muß niemanden anerkennen, der vom Staat lebt, diesen Staat ablehnt, für die Ausbildung seiner Kinder nicht vernünftig sorgt und ständig neue kleine Kopftuchmädchen produziert. Das gilt für siebzig Prozent der türkischen und für neunzig Prozent der arabischen Bevölkerung in Berlin. Viele von ihnen wollen keine Integration, sondern ihren Stiefel leben. Zudem pflegen sie eine Mentalität, die als gesamtstaatliche Mentalität aggressiv und atavistisch ist.«

Dies ist wohl Sarrazins provokantestes Zitat, für welches er auch am heftigsten kritisiert wurde. Wie bei vielen seiner Äußerungen hat er in der Tendenz recht, lenkt jedoch durch die provokante Wortwahl von den Fakten ab. Was Sarrazin mit dem Zitat wohl eigentlich sagen wollte, ist, daß türkisch- und arabischstämmige bzw. muslimische Zuwanderer häufig Transferleistungen erhalten (»vom Staat lebt«), schlecht integriert sind (»diesen Staat ablehnt«), nicht dafür sorgen, daß die Kinder durch eine bessere formale Bildung gesellschaftlich aufsteigen (»für die Ausbildung seiner Kinder nicht vernünftig sorgt«), eine höhere Geburtenrate haben und ihre Kinder nach ihrer heimatlichen Kultur erziehen (»ständig kleine Kopftuchmädchen produziert«). Die Zahlen über Bildungsgrad, Erwerbslosenquote und Geburtenrate türkischstämmiger Zuwanderer wurden oben schon genannt. Und auch wenn Sarrazin mit »siebzig Prozent der türkischen« und »neunzig Prozent der arabischen Bevölkerung in Berlin« stark übertreibt, so lassen sich die im Rahmen dieser Studie aufgezeigten eklatanten Integrationsmängel vor allem türkischstämmiger Zuwanderer nicht von der Hand weisen. Auch was die Erziehung der Kinder nach den eigenen kulturellen Werten anbelangt, wurde darauf bereits eingegangen, beispielsweise bei dem niedrigen Anteil bikultureller Ehen unter türkischstämmigen Zuwanderern. Hans-Hermann Gockel formulierte es etwas milder, meinte jedoch das gleiche: »Von jeweils 100 Kindern, die heute in Berlin geboren werden, haben 69 Kinder Mütter, die nichtdeutscher Herkunft sind. Und wiederum 80 Prozent dieser Kinder sind kleine Muslime. Sie werden hineingeboren in eine bereits fest etablierte Parallelgesellschaft, die nach rigiden Regeln lebt.«[228] Zwangsheiraten und Ehrenmorde sind nur zwei Belege für die Existenz von Parallelgesellschaften. Gerade in Stadtteilen mit hohem türkisch- und arabischstämmigem Migrantenanteil werden der Rechtsstaat und seine Institutionen zunehmend abgelehnt. Dies zeigt sich beispielsweise am mangelnden Respekt gegenüber der Polizei, was selbst das Magazin *Kontraste* des rbb einräumen mußte. In einer Sendung vom 1. Oktober dieses Jahres hieß es über den sogenannten »Wrangelkiez« im Berliner Stadtteil Kreuzberg: »Über 30 Prozent leben hier vom Staat. 65 Prozent stammen aus Einwandererfamilien. Der Kiez erlangt traurige Berühmtheit, als ein Auflauf von bis zu hundert Menschen versucht, die Festnahme zweier jugendlicher Räuber zu verhindern. Der Stadtteil gilt bis heute als No-Go-Area für Polizisten.«[229] Ein in der Reportage interviewter Polizeiobermeister brachte es wie folgt auf den Punkt: »Egal, wo sie hingehen, wo es einen hohen Migrantenanteil gibt, da können sie als Funkwagen alleine kaum noch was ausrichten, weil sie halt immer diese Mob-Bildung haben.«[230] Auch die von Sarrazin erwähnte aggressivere Mentalität türkisch- und arabischstämmiger Migranten läßt sich nicht von der Hand weisen. So haben laut der langjährigen Berliner Jugendrichterin Kirsten Heisig von den über 500 Intensivstraftätern in der Hauptstadt mehr als 75 Prozent einen Migrationshintergrund – viele von ihnen stammen aus arabischen oder türkischen Familien.[231]

5. Cui bono?

Konsequenzen hatte der »Fall Sarrazin« bislang nur für Sarrazin selbst. Die Bundesbank entzog ihm einen Zuständigkeitsbereich, das Ermittlungsverfahren wegen Volksverhetzung wurde hingegen eingestellt.

Was bleibt? Der Verlauf der Kampagne weckt die Hoffnung, daß die dahinterstehende Debatte über Integration und Ausländer jetzt offener geführt werden könnte. Ob diese Hoffnung erfüllt wird oder ob sie trügt, wird die nächste Diskussion zeigen. Bisher hat der »Fall Sarrazin« höchstens die Mechanismen der Tabuisierung offensichtlich gemacht und ihren reibungslosen Einsatz gestört. Das ist viel und wenig zugleich. Gefahr droht nun von seiten der Beschwichtiger, jener also, die keinesfalls die Ausländerproblematik leugnen, jedoch ihre bedrohliche Dimension in Abrede stellen. Sie interpretieren den Verlauf der Sarrazin-Debatte in dem Sinne, daß man doch über alles reden könne. Reden allein aber beseitigt keine Probleme. Was geschieht, wenn eine solche Debatte zum Wahlkampfthema wird oder den Weg in die politische Umsetzung nimmt? Deutschlands Zukunft wird nicht in den Leitartikeln einiger Zeitungen entschieden, sondern von denjenigen, die aus Erkenntnissen und einer bestimmten Vorstellung von Staat, Volk und Nation einen politischen Entwurf und seine Umsetzung zu machen haben.

Wer sich schon vor Sarrazins Interview mit dem Thema »Ausländerproblematik« beschäftigte, weiß, daß die Fakten bekannt sind, mit geringem statistischem Spielraum nach oben und unten. Interessanterweise bildet diese Tatsache sogar eine letzte Rückzugslinie für die Kritiker Sarrazins: Ins Zentrum der Kritik rückt seine undifferenzierte Wortwahl, die Empörung über den Ton drängt den Inhalt zurück. Gerade Sarrazins Polemik aber hat die Debatte entfacht, weil sie das eigentliche Tabu, das es in öffentlichen Debatten zu beachten gilt, verletzt hat: Deutliche Worte sind in der multikulturellen Konsensdemokratie unbedingt zu vermeiden. Wenn die Konsequenz aus dem Fall Sarrazin lautet, daß man nur unanstößig über die Ausländerproblematik in Deutschland reden darf, haben Sarrazins Gegner gewonnen.

Diejenigen, denen an einer ernsthaften Fortsetzung der Debatte gelegen ist, müssen deshalb ein Argument in den Vordergrund stellen: Sarrazin hat überwältigende Unterstützung aus den Reihen der Normalbürger erhalten. Die politische Wirklichkeitsverweigerung ist an ihre Grenze gestoßen. Daß die Kampagne gescheitert ist, liegt an den Bürgern, die ihre Alltagserfahrungen artikulierten. Diesem Druck mußten die Medien nachgeben. Debatten gewinnen kann, wer an die Lebenswirklichkeit anzuknüpfen versteht.

6. Anmerkungen

1 Michael Wolffsohn: Kein Mega-Verbrecher, *Tagesspiegel*, 11. 10. 2009.
2 Stephan J. Kramer: Rassismus bleibt Rassismus, *Tagesspiegel*, 13. 10. 2009.
3 Christoph Scheuermann: 120 000 Präsidenten, *Spiegel* 47/2009.
4 Horst von Buttlar: Mit Hitler in der Endlosschleife, *FTD*, 19. 10. 2009.
5 *Bild*, 9. 10. 2009.
6 Thilo Sarrazin im Gespräch, *Lettre international* 86, Herbst 2009, S. 197–201. Alle Zitate aus dem Sarrazin-Interview in der Studie beziehen sich auf diese Quelle.
7 Vgl. u.a.: Ulrich Zawatka-Gerlach: Sarrazins Ritt auf dem wilden Gaul, *Tagesspiegel*, 16. 2. 2009; vgl.: de.wikipedia.org/wiki/Thilo_Sarrazin. Alle in der Studie zitierten Internet-Adressen wurden am 20. 11. 2009 abgerufen.
8 Vgl. www.bundesbank.de/aufgaben/aufgaben_vorstand_sarrazin.php.
9 Andreas Hoffman: Thilo Sarrazin. »Kinder kann kriegen, wer damit fertig wird.«, *Stern online*, 13. 5. 2009, www.stern.de/panorama/thilo-sarrazin-kinder-kann-kriegen-wer-damit-fertig-wird-700617.html.
10 Michael Sontheimer: Berlins Skurrilsenator Sarrazin, *Spiegel online*, 29. 2. 2008, www.spiegel.de/politik/deutschland/0,1518,538574,00.html.
11 Selbstdarstellung der *Lettre International*: www.lettre.de/li.html.
12 Ebd.
13 Vgl. www.lettre.de/anzeigen.html.
14 Vgl. www.lettre.de/li.html.
15 Ebd.
16 Ebd.
17 Editorial, *Lettre International* 86, Herbst 2009, S. 11.
18 Dilettantismus, Phrasen, Irreführung, Parolen, *V.i.S.d.P. Magazin für Medienmacher*, 26. 10. 2009, www.visdp.de/post/220739692/dilettantismus-phrasen-irrefuhrung-parolen.
19 Ebd.
20 Vgl.: Volker Zastrow: Weber, Sarrazin und die Sandkuchenform, *FAS*, 18. 10. 2009.
21 *Spiegel* 43/2009; zum Zeitpunkt der Aussendung: *Berliner Morgenpost*, 1. 10. 2009.
22 Typisch Sarrazin, *Berliner Zeitung*, 1. 10. 2009.
23 Eine gebürtige Türkin, Mitglied im Verein Türkischer Sozialdemokraten in Berlin, vgl.: de.wikipedia.org/wiki/%C3%9Clker_Radziwill.
24 *Berliner Zeitung* und *Berliner Morgenpost* vom 1. 10. 2009.
25 Justiz ermittelt gegen Thilo Sarrazin, *Bild*, 2. 10. 2009.
26 *Berliner Zeitung*, 1. 10. 2009. Cinars Verweis auf 70 türkischstämmige Rechtsanwälte und 80 türkischstämmige niedergelassene Ärzte in Berlin taugt eher zum Bumerang: Der Anteil in den jeweiligen Berufsgruppen betrüge damit jeweils um ein Prozent, bei einem Bevölkerungsanteil von rund fünf Prozent.
27 Türken empören sich über Sarrazin, *Spiegel online*, 1. 10. 2009, www.spiegel.de/politik/deutschland/0,1518,652637,00.html.
28 Sarrazins Reue, *Süddeutsche Zeitung*, 2. 10. 2009.
29 Türken empören sich über Sarrazin, *Spiegel online* 1. 10. 2009, a.a.O.
30 Sarrazin katzbuckelt vor Weber, *FTD*, 2. 10. 2009.
31 Türkische Gemeinde nimmt Entschuldigung von Sarrazin an, *AFP*, 2. 10. 2009.
32 Justiz ermittelt gegen Thilo Sarrazin, *Bild*, 2. 10. 2009.
33 Vgl.: Deutsche Integrationspolitik im Spiegel türkischer Tageszeitungen. Pressemonitoring türkischer Printmedien der Konrad-Adenauer-Stiftung (Oktober 2009), www.kas.de/wf/doc/kas_18060-544-1-30.pdf.
34 Bischof Wolfgang Huber, damals noch EKD-Ratsvorsitzender, sprach zurückhaltend von »skeptischen, ja schnöden Kommentaren«: Justiz ermittelt gegen Thilo Sarrazin, *Bild*, 2. 10. 2009.
35 *Welt online*, 2. 10. 2009, www.welt.de/politik/deutschland/article4705563/Ver-di-nennt-Sarrazins-Aeusserungen-rechtsradikal.html.
36 Der Brandstifter von der Bundesbank, *Tagesspiegel*, 2. 10. 2009.
37 Justiz ermittelt gegen Thilo Sarrazin, *Bild*, 2. 10. 2009.
38 Behörde prüft neue Anzeigen gegen Sarrazin, *Berliner Morgenpost*, 13. 10. 2009; Strafanzeigen gegen Sarrazin bei Staatsanwaltschaft eingegangen, *AP*, 14. 10. 2009.
39 Sarrazin geht mit Anklage ins Gericht, *Tagesspiegel*, 13. 11. 2009.

40 Der Brandstifter von der Bundesbank, *Tagesspiegel*, 2. 10. 2009.
41 Pressemitteilung *Rheinische Post* über ots: www.presseportal.de/pm/30621/1486639/rheinische_post. Eva Högl hält das Direktmandat in Berlin Mitte und wurde am 14. November in den SPD-Parteivorstand gewählt.
42 Rücktrittsforderungen gegen Sarrazin, *Welt*, 5. 10. 2009.
43 Pressemitteilung WDR Fernsehen über ots: www.presseportal.de/pm/7899/1486774/wdr_westdeutscher_rundfunk.
44 *Welt online*, 2. 10. 2009: »Diese Äußerungen finde ich widerlich.«, www.welt.de/politik/deutschland/article4705563/Ver-di-nennt-Sarrazins-Aeusserungen-rechtsradikal.html.
45 Unterstützung kam lediglich von den Rechtsparteien, beispielsweise den Republikanern und der NPD.
46 Bundesbank-Präsident legt Sarrazin Rücktritt nahe, *dpa*, 3. 10. 2009; Bundesbank-Präsident Weber legt Sarrazin den Rücktritt nahe, *AP*, 3. 10. 2009.
47 Sarrazin muß sich entschuldigen, *Zeit online*, 1. 10. 2009, www.zeit.de/politik/deutschland/2009-10/sarrazin-aeusserung-integration.
48 Bundesbankgewerkschaft hält Sarrazin für untragbar, *AFP*, 4. 10. 2009. Das Argument hatte auch Verdi-Sprecher Foullong verwandt.
49 Türkische Zentralbank: Allah gebe Sarrazin mehr Verstand, *AFP*, 4. 10. 2009.
50 Leider sehen wir einen gewissen Reputationsschaden, Interview mit Axel Weber, *FAZ*, 5. 10. 2009.
51 Rücktrittsforderungen gegen Sarrazin, *FAZ*, 5. 10. 2009.
52 Politiker und Banker erhöhen Druck auf Sarrazin, *FR*, 5. 10. 2009.
53 Cem Özdemir rät Thilo Sarrazin zu Rückzug, *Welt online*, 7. 10. 2009, www.welt.de/politik/deutschland/article4760780/Cem-Oezdemir-raet-Thilo-Sarrazin-zu-Rueckzug.html.
54 Sind Migranten nicht bereit, sich in Deutschland zu integrieren?, *Tagesspiegel*, 11. 10. 2009.
55 Rücktritt nahegelegt, *Kölner Stadt-Anzeiger*, 7. 10. 2009.
56 Weitere Rücktrittsforderungen an Sarrazin aus der SPD, *AFP*, 6. 10. 2009.
57 SPD geht auf Distanz zu Sarrazin, *taz*, 6. 10. 2009; Sarrazin muß vor ein Parteigericht, *Berliner Zeitung*, 6. 10. 2009.
58 Sevim Dagdelen: Sarrazin muß zurücktreten, 8. 10. 2009, Pressemitteilung Fraktion Die Linke im Bundestag über ots: www.presseportal.de/pm/41150/1489914/die_linke.
59 Edathy ist Sohn eines Inders, Özdemir und Dagdelen sind türkischer Abstammung wie der zuvor bereits erwähnte Vural Öger.
60 Sozialverband wirft Sarrazin Rassismus vor, *Spiegel online*, 8. 10. 2009, www.spiegel.de/wirtschaft/soziales/0,1518,653892,00.html.
61 Das bezieht sich wohl auf eine Pressemitteilung der NPD-Fraktion im sächsischen Landtag, die Sarrazin als »Ausländerbeauftragten der Bundesregierung« vorgeschlagen hat. Abgedruckt u.a. in: Er muß sich seiner Verantwortung stellen, *Berliner Morgenpost*, 4. 10. 2009.
62 »Das ist Stammtisch-Talk.« Interview mit Barbara John, *FR*, 8. 10. 2009.
63 Ein Zwischenruf zu … Thilo Sarrazin, *Tagesspiegel*, 4. 10. 2009.
64 Piening schießt gegen Sarrazin, *Tagesspiegel*, 11. 10. 2009.
65 NRW-Integrationsminister: Thilo Sarrazin wird Integrationsbemühungen nicht stören können, Deutschlandradio Kultur, Radiofeuilleton vom 2. 10. 2009: www.dradio.de/dkultur/sendungen/thema/1044633/.
66 Pressemitteilung *Tagesspiegel* vom 9. 10. 2009 über ots: www.presseportal.de/pm/2790/1490844/der_tagesspiegel.
67 Pressemitteilung *WAZ* vom 11. 10. 2009 über ots: www.presseportal.de/pm/55903/1491341/westdeutsche_allgemeine_zeitung.
68 Sarrazin führt zur Gründung der Vereinigten Migrantenpartei Deutschland, Pressemitteilung lifegen über ots: www.presseportal.de/pm/31336/1486363/lifegen_de_ltd?search=lifegen.
69 Siehe: www.vereinigte-migrantenpartei.de.
70 Die Anti-Sarrazin-Partei, *FTD*, 5. 10. 2009; Interview mit Vlad Georgescu, *Welt online*, 20. 10. 2009, www.welt.de/politik/deutschland/article4906486/Deutsch-Rumaene-gruendet-Partei-wegen-Sarrazin.html.
71 Politiker und Banker erhöhen Druck auf Sarrazin, *FR*, 5. 10. 2009.
72 Thomas Schmid: Frischluft oder Wärmestube?, *Die Welt*, 2. 10. 2009.
73 Robin Alexander: Sarrazins Reise an die Klippen der Meinungsfreiheit, *Welt online*, 3. 10. 2009, www.welt.de/politik/article4723257/Sarrazins-Reise-an-die-Klippen-der-Meinungsfreiheit.html.
74 Volker Zastrow: Kopftuchmädchen, *FAS*, 4. 10. 2009.
75 Ein Beispiel: www.youtube.com/watch?v=rTwRbjnCjCo. Verrissen wird ein *FAZ*-Leitartikel.
76 Gerald Braunberger: Sarrazin muß gehen, *FAZ*, 5. 10. 2009.
77 Plebejisch und kleinbürgerlich, *Focus* 41/2009.
78 *Stuttgarter Nachrichten*, 6. 10. 2009.

79 Gideon Böss: Sarrazin ist ..., *Welt online*, 5. 10. 2009; debatte.welt.de/weblogs/4881/boess+in+berlin /159555/sarrazin+ist.
80 Wie moderner Terrorismus, Interview mit André Lichtschlag, *JF* 43/09.
81 Berthold Kohler: Außerhalb des Korridors, *FAZ*, 9. 10. 2009.
82 Zur Freude der linken *taz*: Daniel Bax: Einen Sarrazin braucht niemand, *taz*, 13. 10. 2009.
83 »Nicht vielleicht doch ein paar mehr?« spottet Volker Zastrow in seinem Leitartikel »Kopftuchmädchen«, *FAS*, 4. 10. 2009.
84 Viele Mesut Özils, Leserbrief, *FAZ*, 14. 10. 2009.
85 Zitiert nach *Junge Freiheit im Netz*, 11. 10. 2009, www.jungefreiheit.de/Single-News-Display.154+M5f5c 7f617bf.0.html.
86 Plebejisch und kleinbürgerlich, *Focus* 41/2009.
87 »Wir wissen, daß türkische Kinder in Schulen größte Probleme haben«, Interview mit Hans-Olaf Henkel, *DLF*, 5. 10. 2009: www.dradio.de/dlf/sendungen/interview_dlf/1045960.
88 Ulrich Clauß: Sarrazins Ruhestörung im Migrantenhain, *Die Welt*, 6. 10. 2009.
89 Was andere meinen, *FR*, 8. 10. 2009.
90 Darf man als Bundes-Banker so etwas sagen?, *Bild*, 8. 10. 2009.
91 Necla Kelek: Sarrazin hat einen klaren Blick, er spricht aus Sorge um Berlin, *Bild*, 9. 10. 2009.
92 Sie verglühen vor Leidenschaft, Interview mit Seyran Ates, *Spiegel* 42/2009.
93 *Bild* veröffentlichte ausführliche Auszüge in der Ausgabe vom 7. 10. 2009 und den Volltext ohne Erlaubnis im Internet. *Lettre International* klagte gegen *Bild* und verglich sich mit dem Springer-Verlag auf die Zahlung von 30 000 Euro: www.taz.de/1/leben/medien/artikel/1/bild-zahlt-fuer-sarrazin-interview/.
94 *bild.de*, 8. 10. 2009, www.bild.de/BILD/politik/2009/10/07/thilo-sarrazin-kritik/prominente-deutsch-tuerken-gehen-auf-ihn-los.html##.
95 Bundesbank will Sarrazin entmachten, *Bild am Sonntag*, 11. 10. 2009.
96 Berlins SPD rechnet mit Sarrazin ab, *Tagesspiegel*, 11. 10. 2009: »Die Jusos hatten offenbar vergessen, genügend Delegiertenunterschriften für den Initiativantrag zu sammeln, der vom Landesparteitag zweifellos beschlossen worden wäre.«
97 Beim Mittelstandstag in der Berliner Handelskammer, »Kanzlerin und Kopftuchmädchen«, *FTD*, 6. 10. 2009.
98 Zentralrat greift Sarrazin an, *taz*, 10. 10. 2009.
99 Wie moderner Terrorismus, Interview mit André Lichtschlag, *JF* 43/09.
100 Beredtes Schweigen und Entschuldigung können vorsätzliche fremdenfeindliche Entgleisung nicht heilen, Pressemitteilung der TGD, 6.10.2009: www.tgd.de/index.php?name=News&file=article&sid=985.
101 Was der türkische Botschafter über Sarrazin denkt, *Welt mobil*, 6. 10. 2009, wap.welt.de/article.do?id=berlin/article4754299/Was-der-tuerkische-Botschafter-ueber-Sarrazin-denkt&cid=.
102 Kramer und Mazyek hatten schon anläßlich der Empörungswelle über die Ermordung einer Ägypterin durch einen Rußlanddeutschen, dem »Fall Marwa«, engen Schulterschluß geübt. Vgl. Der unruhige Geist, *Kölner Stadt-Anzeiger*, 15. 10. 2009.
103 Zentralrat greift Sarrazin an, *taz*, 10. 10. 2009.
104 Zentralrat greift Sarrazin an, *taz*, 10. 10. 2009; Zentralrat vergleicht Sarrazin mit Hitler, *Welt*, 10. 10. 2009.
105 Originalton aus den 30er Jahren, *Tagesspiegel*, 10. 10. 2009.
106 Michael Wolffsohn: Kein Mega-Verbrecher, *Tagesspiegel*, 11. 10. 2009.
107 Giordano gibt Sarrazin größtenteils recht, *Welt online*, 13. 10. 2009: www.welt.de/politik/deutschland/article4830472/Giordano-gibt-Sarrazin-groesstenteils-recht.html.
108 So äußerte sich Broder am 12. 10. 2009 in der Sendung »Kontrovers« (Deutschlandfunk): www.podcast.de/episode/1395448/Reden_ist_Silber_und_Schweigen_ist_Gold_-_Wie_viel_Provokation_vertr%C3%A4gt_die_politische_Korrektheit%3F.
109 Stephan Kramer: Rassismus bleibt Rassismus, *Tagesspiegel*, 13. 10. 2009.
110 www.youtube.com/watch?v=rTwRbjnCjCo.
111 Ernst Cramer: Hier irrt der Generalsekretär, *Welt*, 13. 10. 2009.
112 Katja Bauer: Zündler überall, *Stuttgarter Zeitung*, 10. 10. 2009; Astrid Hölscher: Abwegige Vergleiche, *FR*, 10. 10. 2009, die fordert, Sarrazin müsse zurücktreten, Kramer aber auch.
113 Türkische Gemeinde für schulfrei am islamischen Opferfest, *FAZ*, 14. 10. 2009. Laschet sprach von »Klamauk à la Kolat«.
114 Mittlerweile wurde das Ermittlungsverfahren eingestellt.
115 Henryk M. Broder: Meine Kippa liegt im Ring, *Tagesspiegel*, 21. 10. 2009.
116 Was der Fall Sarrazin über die Bundesbank verrät, *FAS*, 11. 10. 2009.

117 Damals hatte Sarrazin »Energieverschwendung« durch Hartz-IV-Empfänger kritisiert und angesichts der Vorgeschichte der Finanzkrise empfohlen: »Traue keinem Bankberater.« Sarrazin provoziert Hartz-IV-Empfänger und Problemfamilien, *Spiegel online*, 13. 5. 2009, www.spiegel.de/politik/deutschland/0,1518,624539,00.html.
118 Was der Fall Sarrazin über die Bundesbank verrät, *FAS*, 11. 10. 2009.
119 Axel Weber straft Sarrazin mit Verachtung, *Welt*, 9. 10. 2009.
120 Die Agenda des Präsidenten, *Süddeutsche Zeitung*, 14. 10. 2009.
121 Norbert Häring: Axel Webers Niederlage, *Handelsblatt*, 14. 10. 2009.
122 Weber schneidet Sarrazin, *Zeit online*, 6.10.2009, www.zeit.de/politik/deutschland/2009-10/sarrazin-weber-interview.
123 »Focus: Bundesbank-Chef will Sarrazin entmachten«, *dpa*, 10. 10. 2009.
124 Muslime fordern Sarrazins Entlassung, *Focus online*, 13. 10. 2009, www.focus.de/politik/deutschland/auslaender-schelte-muslime-fordern-sarrazins-entlassung_aid_444345.html.
125 Sarrazin darf in der Bundesbank bleiben, *FAZ*, 14. 10. 2009; Bundesbank nimmt Sarrazin die ganze Kohle weg, *Bild*, 14. 10. 2009.
126 Bundesbank entmachtet ungeliebten Vorstand, *Welt*, 14. 10. 2009.
127 Norbert Häring: Axel Webers Niederlage, *Handelsblatt*, 14. 10. 2009.
128 Bundesbank-Chef wollte Sarrazin-Interview stoppen, *Welt online*, 6. 10. 2009, www.welt.de/politik/deutschland/article4747598/Bundesbank-Chef-wollte-Sarrazin-Interview-stoppen.html.
129 Hier und im folgenden: Kabale unter Bundesbankern, *FAS*, 18. 10. 2009; Volker Zastrow: Weber, Sarrazin und die Sandkuchenförmchen, *FAS*, 18. 10. 2009.
130 Die letzte Warnung kam wohl zu spät, *FAZ*, 19. 10. 2009.
131 Neues von den Querelen um Bundesbanker Sarrazin / Zum Abschuß freigegeben, Pressemitteilung *Lausitzer Rundschau* über ots: www.presseportal.de/pm/47069/1495415/lausitzer_rundschau.
132 Mehr Klasse, bitte, *FAZ*, 19. 10. 2009.
133 Rainer Hank: Ohne Geschäftsmodell, *FAS*, 11. 10. 2009.
134 Wolfgang Philipp: Mobbing in Frankfurt, *JF* 46/09. Philipp argumentiert, indem er vor Haushaltsrisiken durch ausufernde Sozialleistungen warnte, habe Sarrazin durchaus seine Pflichten als Bundesbankvorstand wahrgenommen und sich um die Notenbank und Deutschland sogar verdient gemacht.
135 Kritik an Entmachtung von Sarrazin bei Bundesbank, *AFP*, 14. 10. 2009.
136 Muslime fordern Sarrazins Entlassung, *Focus online*, 13. 10. 2009: www.focus.de/politik/deutschland/auslaender-schelte-muslime-fordern-sarrazins-entlassung_aid_444345.html.
137 Zentralrat der Ex-Muslime: Sarrazin-Entmachtung Kapitulation vor islamischen Verbänden, 13. 10. 2009, Pressemitteilung *Leipziger Volkszeitung* über ots: www.presseportal.de/pm/6351/1492813/leipziger_volkszeitung.
138 Hans-Olaf Henkel: Es lebe die Meinungsfreiheit!, *Welt*, 15. 10. 2009.
139 »Boykotthetze gegen demokratische Einrichtungen und Organisationen«, »Bekundung von Glaubens-, Rassen-, Völkerhaß«, »staatsgefährdende Propaganda und Hetze«, »Staatsverleumdung«, »staatsfeindliche Hetze«, »Beeinträchtigung staatlicher oder gesellschaftlicher Tätigkeit«, »ungesetzliche Verbindungsaufnahme« zum Klassenfeind. Thorsten Hinz: Die DDR läßt grüßen, *JF* 42/09.
140 Volker Zastrow: Kopftuchmädchen, *FAS*, 4. 10. 2009.
141 Arno Widmann: Der Brandstifter, *FR*, 8. 10. 2009.
142 Tim Bartz: Sarrazin hat einen Dachschaden, *FTD*, 13. 10. 2009.
143 Berthold Kohler: Außerhalb des Korridors, *FAZ*, 9. 10. 2009.
144 Jasper von Altenbockum: Courage, *FAZ*, 15. 10. 2009.
145 Volker Zastrow: Kopftuchmädchen, *FAS*, 4. 10. 2009.
146 Klaus Rainer Röhl: Sarrazin und das Ende der politischen Korrektheit, *Preußische Allgemeine Zeitung*, 24. 10. 2009.
147 Ernst Fuchs: Was man sagen darf und was wie nicht, *Passauer Neue Presse*, 12. 10. 2009.
148 Olaf Majer: Gescheiterter Migrant Sarrazin, *Leipziger Volkszeitung*, 14. 10. 2009.
149 Briefe an die Herausgeber, *FAZ*, 14. 10. 2009.
150 Leserbriefe, *FAS*, 11. 10. 2009.
151 Olaf Majer: Korrekter Anti-Sarrazin-Chor, *Leipziger Volkszeitung*, 12. 10. 2009.
152 Klaus Rainer Röhl: Sarrazin und das Ende der politischen Korrektheit, *Preußische Allgemeine Zeitung*, 24. 10. 2009.
153 Rasse statt Klasse, *taz*, 13. 10. 2009.
154 Bundesbank will Sarrazin entmachten, *Bild am Sonntag*, 11. 10. 2009.
155 Strafanzeigen wegen Volksverhetzung gegen Sarrazin, *AP*, 14. 10. 2009.

156 Daniel Freudenreich: Der Fall Sarrazin – ein Bärendienst, Pressemitteilung *WAZ* über ots: www.presseportal.de/pm/55903/1491371/westdeutsche_allgemeine_zeitung.
157 Alexander Gauland: Sarrazin und die Abgehobenheit der Eliten, *Tagesspiegel*, 19. 10. 2009.
158 Provokation und Wahrheit, *General-Anzeiger*, 9. 10. 2009.
159 Ulrich Riedler: Tabu gebrochen, *Hessische Allgemeine*, 14. 10. 2009.
160 Marko Martin: Im Lande der Duckmäuser, *Welt*, 5. 10. 2009.
161 Harry Nutt: Thilo auf der Couch, *FR*, 13. 10. 2009.
162 Provokation und Wahrheit, *General-Anzeiger*, 9. 10. 2009.
163 Joachim Frank: Verlogene Erregung, *FR*, 12. 10. 2009.
164 Stefanie Ball: Unfähig, *Mannheimer Morgen*, 12. 10. 2009.
165 Rolf Potthoff: Sarrazins Provokationen – Ein gefährlicher Stil, Pressemitteilung *WAZ* über ots: www.presseportal.de/pm/55903/1488037/westdeutsche_allgemeine_zeitung.
166 Jörg Lau: Das wird man wohl noch sagen dürfen!, *Zeit* 44/2009.
167 »Sie verglühen vor Leidenschaft«, Interview mit Seyran Ates, *Spiegel* 42/2009.
168 Thomas Schmid: Die Stammtische haben ein Mitspracherecht, *Welt*, 19. 10. 2009.
169 Alexander Gauland: Sarrazin und die Abgehobenheit der Eliten, *Tagesspiegel*, 19. 10. 2009.
170 Wolfgang Bliefert: Reflexartig, *Hessische Allgemeine*, 9. 10. 2009.
171 André F. Lichtschlag: Der Fall Sarrazin markiert eine Zeitenwende, *eigentümlich frei* 97 (2009).
172 Horst von Buttlar: Mit Hitler in der Endlosschleife, *FTD*, 19. 10. 2009.
173 Peter Sloterdijk: Aufbruch der Leistungsträger, *Cicero* 11/2009, S. 95–107; hier S. 96.
174 Giovanni di Lorenzo: »Verstehen Sie das, Herr Schmidt?«, *Zeit online*, 11. 11. 2009, www.zeit.de/2009/47/Helmut-Schmidt-47.
175 Stefan Luft: *Ausländerpolitik in Deutschland. Mechanismen, Manipulationen, Mißbrauch*, Gräfelfing 2003; ders.: *Abschied von Multikulti. Wege aus der Integrationskrise*, Gräfelfing 2007; ders.: *Staat und Migration. Zur Steuerbarkeit von Zuwanderung und Integration*, Frankfurt a.M. 2009.
176 Rolf Stolz: *Deutschland, deine Zuwanderer. Fakten – Analysen – Chancen*, München 2002.
177 Hans-Hermann Gockel: *Deutschland. Die überstrapazierte Nation*, Gräfelfing 2006.
178 Exemplarisch: Herwig Birg: Integration und Migration im Spiegel harter Daten, *FAZ*, 9. 4. 2009.
179 Giovanni di Lorenzo: Drinnen vor der Tür, *Zeit* 41/2004.
180 Vergl.: Frauke Hunfeld, Thorsten Futh, Anne Schönharting: Hat Sarrazin Recht?, *Stern* 43/2009; Fatina Keilani, Annette Kögel: Sarrazin war nah dran, und liegt doch daneben, *Tagesspiegel*, 8. 10. 2009; Angie Baldauf, Jan Meyer: Stimmt es eigentlich, was Sarrazin über Berlin sagt?, *Bild*, 8. 10. 2009.
181 Statistische Ämter des Bundes und der Länder: *Soziale Mindestsicherung in Deutschland 2006*, Wiesbaden 2008, S. 7.
182 Vgl.: Jens B. Asendorf: *Psychologie der Persönlichkeit*, Berlin 1996, S. 250; J. Philippe Rushton: *Rasse, Evolution und Verhalten. Eine Theorie der Entwicklungsgeschichte*, Graz 2005, S. 24–29.
183 Statistisches Bundesamt: *Statistisches Jahrbuch 2009 für die Bundesrepublik Deutschland*, Wiesbaden 2009, S. 33.
184 Ebd. S. 32.
185 Ebd. S. 79.
186 Ebd.
187 Ebd.
188 Pressemitteilung Nr. 283 des Statistischen Bundesamtes, 29. 7. 2008.
189 Gunnar Heinsohn: Elterngeld – Fortpflanzungsprämie für die Unterschicht, *Welt online*, 3. 11. 2009, www.welt.de/politik/deutschland/article5061827/Elterngeld-Fortpflanzungspraemie-fuer-Unterschicht.html.
190 Pressemitteilung Nr. 372 des Statistischen Bundesamtes, 8. 9. 2008.
191 Laut der Bundesregierung betrug die Armutsrisikoquote der Bevölkerung mit Migrationshintergrund 2007 26,8 Prozent und war damit doppelt so hoch wie die der Gesamtbevölkerung (13,2 Prozent). Siehe: *Integration in Deutschland.* Erster Integrationsindikatorenbericht im Auftrag der Beauftragten der Bundesregierung für Migration, Flüchtlinge und Integration. Berlin 2009, S. 8.
192 Pressemitteilung Nr. 283 des Statistischen Bundesamtes, 29. 7. 2008.
193 Hat Sarrazin Recht? *Stern* 43/2009.
194 Pressemitteilung Nr. 327 des Amt für Statistik Berlin-Brandenburg, 20. 10. 2009.
195 *Integration in Deutschland*, a.a.O. S. 8.
196 *Statistisches Jahrbuch 2009*, a.a.O. S. 50.
197 Ebd. S. 49.
198 Ebd.
199 *Integration in Deutschland*, a.a.O. S. 6.

200 Die höhere Geburtenrate der Kosovaren hat sich durchaus auf die heutige Bevölkerungsstruktur im Kosovo ausgewirkt, Bürgerkrieg und Vertreibungen haben dabei aber auch eine Rolle gespielt.
201 *Statistisches Jahrbuch 2009*. a.a.O. S. 57.
202 Pressemitteilung Nr. 327 des Statistischen Bundesamtes, 4. 9. 2009.
203 Zitiert nach: Stimmt es eigentlich, was Sarrazin über Berlin sagt?, *Bild*, 8. 10. 2009; Hat Sarrazin Recht?, *Stern* 43/2009.
204 Statistisches Bundesamt: *Mikrozensus 2008. Neue Daten zur Kinderlosigkeit*. Wiesbaden 2009, S. 22.
205 Ebd. S. 24.
206 *Statistisches Jahrbuch 2009*, a.a.O. S. 48.
207 Ralf E. Ulrich: Newsletter Migration und Bevölkerung Nr. 5/2007, sowie: *Statistische Ämter des Bundes und der Länder: Bevölkerung nach Migrationsstatus regional*, Wiesbaden 2009, S. 39.
208 Integration durch Bildung im vorschulischen Bereich und in der Primarstufe. Ausarbeitung des Wissenschaftlichen Dienstes des Deutschen Bundestags, Berlin 2006, S. 11.
209 Wochenbericht des DIW Berlin 24/01: Deutsche Sprachfähigkeit und Umgangssprache von Zuwanderern.
210 Ebd.
211 Uta Kessling: Wie lange dauert das noch – so halbe Stunde?, *Berliner Morgenpost*, 30. 5. 2008.
212 Drucksache 16/13475. Die Türken stellen die größte Ausländer- und Migrantengruppe in Berlin.
213 Ehrbarer Staat? Generationenbilanz Update 2008: Migration bestimmt den Erfolg der Nachhaltigkeitsbilanz. Pressemitteilung der Stiftung Marktwirtschaft vom 10. 7. 2008.
214 Phantom »Neue Armut«, *Focus* 11/1996.
215 Jochen Kummer: Zuwanderung bringt erst nach 25 Jahren Gewinn, *Welt am Sonntag*, 29. 9. 2002.
216 Herwig Birg: Integration und Migration im Spiegel harter Daten, a.a.O.
217 Sarrazin war nah dran, und liegt doch daneben, *Tagesspiegel*, 8. 10. 2009.
218 *Statistisches Jahrbuch 2009*, a.a.O. S. 49.
219 Ebd. S. 48.
220 Berlin-Institut für Bevölkerung und Entwicklung: *Ungenutzte Potentiale. Zur Lage der Integration in Deutschland*, Berlin 2009, S. 73.
221 Ebd. S. 77.
222 Ebd. S, 43.
223 Ebd.
224 Herwig Birg: Integration und Migration im Spiegel harter Daten, a.a.O.
225 Ebd.
226 Berlin-Institut: *Ungenutzte Potentiale*, a.a.O. S. 36.
227 Ebd.
228 Hans-Hermann Gockel: *Deutschland. Die überstrapazierte Nation*, a.a.O. S. 128.
229 Blinder Hass – brutale Gewalt gegen Polizisten nimmt zu. ARD-Sendung »Kontraste« vom 1. 10. 2009.
230 Ebd.
231 Mario Kaiser: Unbequeme Wahrheiten, *Spiegel* 51/2008.

Die Bueb-Debatte

Ein Beitrag zur aktuellen Auseinandersetzung um Disziplin, Führung und Bildungskatastrophe

Wissenschaftliche Reihe – Heft 14
Arbeitsgruppe 5: Erziehung und Bildung

ISBN 978-3-939869-14-6
Schnellroda 2008, 26 Seiten, € 5